《芳草汉语》编委会 编

芳草汉语 4

Fangcao Hanyu

创于1897 商务印书馆
The Commercial Press

编写说明

芳草地国际学校(原芳草地小学)是一所九年一贯制国际学校。学校始建于1956年，以辉煌的办学业绩，成为享誉海内外的中国国际教育品牌学校，是国家汉办/孔子学院总部YCT培训、考试基地，是北京市教委确定的汉语推广基地学校。《芳草汉语》根据《汉语水平考试（少儿）》等文件，汲取凝练芳草地国际学校近四十年对外汉语教学经验编写而成，适合所有外籍儿童学习汉语使用。

一、编写宗旨

培养华裔和非华裔少年儿童掌握并运用汉语进行表达和交际的能力，传播中国文化，为中外语言沟通和文化交流起到桥梁和媒介的作用，同时为学生进入高级阶段的汉语学习打下良好的基础。

二、编写原则

1.遵循“语言学习之根本意义在于生存”的观点，针对初学汉语的世界各国少年儿童，率先在“语”的范畴内下功夫，侧重听说训练，旨在突破第一级输入与输出的难点。

2.依据“句子是表达完整意义的最小语言单位”的观点，坚持贯彻了“句为本”原则，强调对学习者的句子训练。

3.针对汉字表意的特点，选择“随文识字”的途径，促进听说和读写的相互作用，主要策略为：利用“溯源识字”，展示汉字文化要素，激发学生学习兴趣；利用“字理识字”揭示汉字造字规律，提高学生自学能力；利用汉字结构分析，提高学生识记水平；通过提高汉字的再现率，巩固学生识记成果。

4.遵循学习者的年龄特点，教材在内容呈现形式方面关注了趣味性。

三、教材特点

1.本套教材在课文内容选材方面关照了不同国家、不同民族、不同宗教信仰学习者的价值取向和审美情趣，以示对学习者的尊重。

2.教材伊始，设计汉语拼音的学习，以利于学生能够利用汉语拼音，纠正发音和提高阅读量。

3.本着“教为学服务”“学生是主体，教师是主导”的原则，教材呈现出丰富的训练形式。

四、教材容量

本套教材包括学生用书12册，辅助练习12册，教师参考用书12册，共计36册。学习内容容量为720学时，对象为6—12岁汉语零起点外籍儿童。

《芳草汉语》的编写和出版得到了国家汉办/孔子学院总部、北京市教委国际合作与交流处、北京市教委基础教育处、北京市国际教育交流中心以及朝阳区教工委、朝阳区教委、朝阳区教委国际合作与交流科、朝阳区教育研究中心等的大力支持与帮助；特别感谢担任本套教材顾问的顾明远、陶西平等专家，感谢对本套教材提出修改和审订意见的崔永华教授，感谢提供过帮助的所有专家、学者和同行。

为了编写好这套教材，我们通过多种渠道与收入本教材作品的作者进行了联系，得到了各位作者的大力支持。在此，深表谢意。由于一些作者的姓名和地址不详，暂时无法取得联系。恳请入选作品的作者尽快与我们联系。

《芳草汉语》编委会

mù lù
目录

jié kè
杰克
lǐ míng
李明
zhāng fāng
张芳
lín dá
琳达
zhào gāng
赵刚
wáng lì
王丽

1

dì yī kè

第一课

zhōu mò

周末

dú yī dú
读一读

jīn tiān shì zhōu mò jié kè shuì le yī gè lǎn jiào shàng wǔ shí diǎn duō
今天是周末，杰克睡了一个懒觉，上午十点多
cái qǐ chuáng chī guò wǔ fàn tā hē le yī bēi yǐn liào zuò zài xiě zì tái
才起床。吃过午饭，他喝了一杯饮料，坐在写字台
qián kàn zhōng wén shū yǒu shí tā hái huì shàng wǎng chá chá zī liào
前看中文书，有时他还会上网查查资料。

kàn le yī xià wǔ de shū jié kè jué de lèi le tā zǒu xià lóu
看了一下午的书，杰克觉得累了。他走下楼，
lái dào jiē xīn huā yuán hé huǒ bàn men dǎ yǔ máo qiú xià qí tiān sè jiàn jiàn
来到街心花园和伙伴们打羽毛球、下棋。天色渐渐
àn le xià lái jié kè cái huí jiā
暗了下来，杰克才回家。

chī wán wǎn fàn tā yòu yuē le jǐ gè péng you qù jù chǎng tīng yīn yuè
吃完晚饭，他又约了几个朋友去剧场听音乐，
yī zhí dào wǎn shang jiǔ diǎn duō cái huí jiā
一直到晚上九点多才回家。

dú cí yǔ
读词语

qǐ chuáng
起床

bēi zi
杯子

hē yǐn liào
喝饮料

xiě zì tái
写字台

shàng wǎng
上网

dǎ yǔ máo qiú
打羽毛球

xià qí
下棋

dú yī dú　shuō yī shuō
读一读，说一说

jié kè kàn le yī xià wǔ de shū
杰克看了一下午的书。

jié kè xiě le
杰克写了＿＿＿＿＿＿＿＿＿＿。

jié kè dǎ le
杰克打了＿＿＿＿＿＿＿＿＿＿。

＿＿＿＿＿＿＿＿＿＿＿＿＿＿＿＿。

______________。

rèn yī rèn
认一认

写　理　羽　棋　渐　暗

xiě yī xiě
写一写

第　末　杯　台　网　楼　完　音

kàn yī kàn, shuō yī shuō
看一看，说一说

______ tiào le yī xià wǔ 跳了一下午 ______。

______ chàng le 唱了 ______。

tīng le
听了________________。

yóu le
________________游了________________。

dú xiào hua
读笑话

chuī niú
吹牛

wǒ duì mā ma shuō wǒ chī le liǎng tóu niú sì zhī yáng
我对妈妈说：“我吃了两头牛，四只羊，
wǔ tiáo yú kě shì hái méi chī bǎo mā ma shuō wǒ chuī niú wǒ
五条鱼，可是还没吃饱。”妈妈说我吹牛。我
shuō wǒ chī de shì dòng wù bǐng gān
说：“我吃的是动物饼干。”

huàn qiān bǐ
换铅笔

xiǎo mèi mei duì gē ge shuō gē ge zán liǎ huàn qiān bǐ ba
小妹妹对哥哥说：“哥哥，咱俩换铅笔吧。”

wèi shén me
“为什么？”

wǒ nà zhī qiān bǐ bù xíng a zǒng shì xiě chū xǔ duō cuò bié zì
“我那支铅笔不行啊，总是写出许多错别字。”

2

dì èr kè
第二课

kàn bìng
看病

dú yī dú
读一读

zǎo chen　lǐ míng bēi qǐ shū bāo zhèng zhǔn bèi qù shàng xué　tū rán gǎn jué
早晨，李明背起书包正准备去上学，突然感觉
quán shēn fā lěng　bà ba zǒu guò lái　mō le mō tā de tóu　shuō　bǎo
全身发冷。爸爸走过来，摸了摸他的头，说：“宝
bèi　nǐ fā shāo le　zán men gǎn jǐn qù yī yuàn ba
贝，你发烧了，咱们赶紧去医院吧！”

fù zǐ liǎ lián máng lái dào yī yuàn　xiān guà le hào　rán hòu dào zhěn shì
父子俩连忙来到医院，先挂了号，然后到诊室
kàn yī shēng　yī shēng gěi lǐ míng liáng le liáng tǐ wēn　ràng tā zhāng kāi zuǐ kàn le
看医生。医生给李明量了量体温，让他张开嘴看了
kàn sǎng zi　yòu yòng tīng zhěn qì tīng le tīng　shuō　nǐ gǎn mào le　bù
看嗓子，又用听诊器听了听，说：“你感冒了。不
yào jǐn　wǒ gěi nǐ dǎ yī zhēn　zài kāi diǎnr yào　huí qù àn shí chī yào
要紧，我给你打一针，再开点儿药。回去按时吃药，
hái yào duō hē shuǐ　shǎo jiǎng huà　xiū xi liǎng tiān jiù hǎo le　nǐ men kuài qù
还要多喝水，少讲话，休息两天就好了。你们快去
qǔ yào ba
取药吧！”

tā men lái dào yào fáng　qǔ wán yào　bà ba ná zhe yī hé yào
他们来到药房，取完药，爸爸拿着一盒药，
wèn　dài fu　zhè yào zěn me chī　dài fu shuō　měi tiān chī sān
问：“大夫，这药怎么吃？”大夫说：“每天吃三
cì　měi cì chī liǎng piànr　fàn hòu chī
次，每次吃两片儿，饭后吃。”

dú cí yǔ
读词语

kàn bìng
看病

fù zǐ liǎ
父子俩

bēi shū bāo
背书包

tīng zhěn qì
听诊器

liáng tǐ wēn
量体温

xiū xi
休息

qǔ yào
取药

dǎ zhēn
打针

chī yào
吃药

yī hé yào
一盒药

dú yī dú shuō yī shuō
读一读，说一说

zán men gǎn jǐn qù yī yuàn ba
咱们赶紧去医院吧！

lǐ míng kuài qǐ chuáng ba
李明快起床吧！

nǐ men qù yào fáng
你们去药房______________！

nǐ zài jiā lǐ hǎo hǎo
你在家里好好______________！

rèn yī rèn
认一认

病　咱　医　药　量　盒

取　吧　问　张　嘴

xiě yī xiě
写一写

父　贝　药　先　休　全　讲　话

kàn yī kàn shuō yī shuō
看一看，说一说

zán men yī qǐ shàng xué
咱们一起上学____________!

wǒ men yī qǐ
我们一起________________!

wǒ men liǎ yī qǐ
我们俩一起________！

________！

cāi yī cāi
猜一猜

mí dǐ
谜底：________

mí dǐ
谜底：________

mí dǐ
谜底：________

mí dǐ
谜底：________

niú nǎi jiā gōng chǎng
牛奶加工厂

dú yī dú

读一读

zuó tiān xué xiào zǔ zhī wǒ men qù jiāo qū cān guān niú nǎi jiā gōng chǎng
昨天，学校组织我们去郊区参观牛奶加工厂。
wǒ men zuò zài shū shì de chē lǐ yī biān liáo tiānr yī biān xīn shǎng nóng cūn měi
我们坐在舒适的车里，一边聊天儿一边欣赏农村美
lì mí rén de jǐng sè
丽迷人的景色。

dào le niú nǎi jiā gōng chǎng chǎng zhǎng xiàng wǒ men jiè shào le jiā gōng chǎng de
到了牛奶加工厂，厂长向我们介绍了加工厂的
lì shǐ rán hòu dài zhe wǒ men cān guān shēng chǎn xiàn chē jiān lǐ fēi cháng gān jìng
历史，然后带着我们参观生产线。车间里非常干净，
yī diǎnr chén tǔ dōu méi yǒu wǒ men kàn jiàn yī tiáo tiáo shēng chǎn xiàn zhěng qí de
一点儿尘土都没有。我们看见一条条生产线整齐地
pái liè zhe jǐ míng gōng rén zài zhuān xīn de gōng zuò shēng chǎn xiàn zì dòng de bǎ
排列着，几名工人在专心地工作。生产线自动地把
yī hé hé niú nǎi zhuāng chéng yī xiāng yī xiāng de kàn zhe yǎn qián de yī qiè
一盒盒牛奶装成一箱一箱的。看着眼前的一切，
wǒ qíng bù zì jīn de shuō jiā gōng chǎng zhēn hǎo a kàn zhe yī hé hé
我情不自禁地说：“加工厂真好啊！”看着一盒盒
niú nǎi wǒ zhēn xiǎng hē yī kǒu
牛奶，我真想喝一口！

dú cí yǔ
读词语

niú nǎi jiā gōng chǎng
牛奶加工厂

nóng cūn
农村

gōng rén
工人

shēng chǎn xiàn
生产线

gōng zuò
工作

cān guān
参观

jiāo qū
郊区

dú yī dú shuō yī shuō
读一读，说一说

chē jiān zhēn gān jìng a
车间真干净啊！

niú nǎi zhēn duō
牛奶真多 ________________！

________________________________。

______________________________。

______________________________。

rèn yī rèn
认一认

织　区　产　线　眼　切

xiě yī xiě
写一写

厂　村　向　历　名　工　作

kàn yī kàn　shuō yī shuō
看一看，说一说

niú nǎi bǎi fàng de zhēn zhěng qí a
牛奶摆放得真整齐啊！

nǐ
你______________________________!

______________________________!

______________________________!

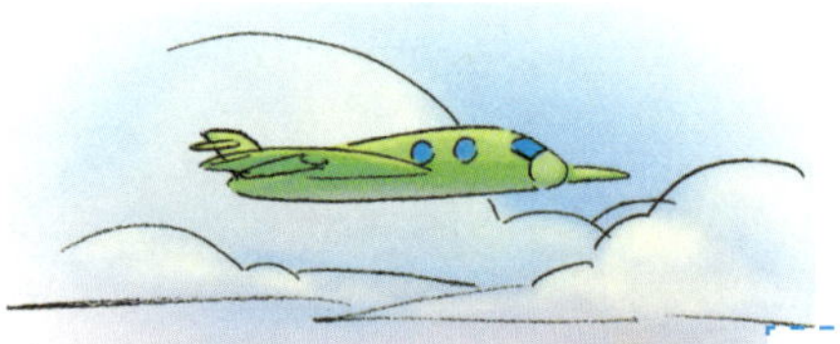

______________________________!

cāi yī cāi
猜一猜

shí gè xiǎo péng yǒu nǐ yǒu wǒ yǒu dà jiā dōu yǒu
十个小朋友，你有我有，大家都有。

shí gè xiǎo péng yǒu wǔ gè zài zuǒ wǔ gè zài yòu
十个小朋友，五个在左，五个在右。

shí gè xiǎo péng yǒu zhǐ huì zuò shì bù huì kāi kǒu
十个小朋友，只会做事，不会开口。

dǎ yī rén tǐ qì guān
（打一人体器官）

1

hàn yǔ yuán dì yī

汉语园地一

tīng yī tīng biāo xù hào

听一听，标序号

lì shǐ
历史

xiū xi
休息

qǐ chuáng
起床

yīn yuè
音乐

kàn bìng
看病

bēi zi
杯子

gōng zuò
工作

dǎ zhēn
打针

xià qí
下棋

fù zǐ liǎ
父子俩

zhōu mò
周末

hē yǐn liào
喝饮料

xiě zì tái
写字台

bēi shū bāo
背书包

jiǎng huà
讲话

chī yào
吃药

cān guān
参观

shàng wǎng
上网

lián yī lián shuō cí yǔ
连一连，说词语

bēi zi
杯子

xiě zì tái
写字台

shàng wǎng
上网

nóng cūn
农村

chī yào
吃药

fù zǐ liǎ
父子俩

gōng rén
工人

xià qí
下棋

yī shēng
医生

rèn yī rèn，xiě yī xiě
认一认，写一写

lián yī lián，dú yī dú
连一连，读一读

lǐ 理	wèn 问	yǎn 眼	ba 吧
王	里	目	口
门	艮	口	巴
音	又	自	力
日	耳	口	厂
àn 暗	zán 咱	qǔ 取	lì 历

shuō yī shuō liàn yī liàn
说一说，练一练

xué xí chá zì diǎn
学习查字典

rèn zhēn tīng lǎo shī jiǎng zěn yàng yòng yīn xù chá zì fǎ chá "jiàn" zì
认真听老师讲怎样用音序查字法查"渐"字。

dì yī bù
第一步：

jiàn de yīn jié dì yī gè zì mǔ shì j, zài yīn jié biǎo lǐ zhǎo dào dà xiě zì mǔ J
"渐"的音节第一个字母是j，在音节表里找到大写字母J。

dì èr bù
第二步：

zài J zhè ge zì mǔ xià zhǎo dào yīn jié "jian", kàn qīng yīn jié hòu miàn de yè mǎ
在J这个字母下找到音节"jian"，看清音节后面的页码。

dì sān bù
第三步：

àn zhào yè mǎ zài zhèng wén zhōng chá zhǎo dào "jian", zài àn shēng diào chá zhǎo "jiàn" zì
按照页码在正文中查找到"jian"，再按声调查找"渐"字。

liàn xí chá zì diǎn
练习查字典

yòng yīn xù chá zì fǎ chá xià miàn de zì, zài hé tóng bàn shuō shuō nǐ shì zěn yàng chá dào de
用音序查字法查下面的字，再和同伴说说你是怎样查到的。

liáng	zhī	qì	bǐng
量	织	器	饼

bǐ yī bǐ，jì yī jì
比一比，记一记

氵
- kě 渴——kǒu kě 口渴
- huó 活——huó pō 活泼
- wān 湾——tái wān 台湾

厂
- lí 厘——lí mǐ 厘米
- yā 压——xuè yā 血压

讠
- mí 谜——mí yǔ 谜语

乛
- mín 民——rén mín 人民

rèn yī rèn
认一认

渴　泼　湾　厘　压　谜

xiě yī xiě
写一写

民

kàn yī kàn xiě yī xiě
看一看，写一写

wáng lì dǎ yǔ máo qiú
王丽打羽毛球。

_______________。

lǐ míng dǎ yǔ máo qiú
李明打羽毛球。

_______________。

wáng lì hé lǐ míng dǎ yǔ máo qiú
王丽和李明打羽毛球。

_______________。

dú xiào hua
读笑话

liǎng zhī wà zi
两只袜子

xiǎo fāng chuān le liǎng zhī wà zi yī zhī shì hóng de yī zhī shì bái de
小芳穿了两只袜子，一只是红的，一只是白的。

mā ma shuō xiǎo fāng nǐ bǎ wà zi chuān cuò le kuài qù huàn huàn ba
妈妈说：“小芳，你把袜子穿错了，快去换换吧！”

xiǎo fāng dào chuáng biān yī kàn duì mā ma shuō bù yòng huàn le zhè lǐ de wà zi yě shì yī zhī hóng de yī zhī bái de
小芳到床边一看，对妈妈说：“不用换了，这里的袜子也是一只红的，一只白的。”

dú yī dú
读一读

zǐ bù xué fēi suǒ yí yòu bù xué lǎo hé wéi
子不学，非所宜。幼不学，老何为？

sān zì jīng
——《三字经》

4

dì sì kè
第四课

chūn yǔ de sè cǎi
春雨的色彩

dú yī dú
读一读

chūn yǔ qīng qīng de luò dào ní tǔ shàng huā kāi le hé miáo xiào le
春雨轻轻地落到泥土上，花开了，禾苗笑了……

yī qún xiǎo niǎo zhèng zài zhēng lùn yī gè yǒu qù de wèn tí chūn yǔ dào dǐ shì shén me yán sè de
一群小鸟正在争论一个有趣的问题：春雨到底是什么颜色的？

xiǎo yàn zi shuō chūn yǔ shì lǜ sè de nǐ men qiáo chūn yǔ luò dào cǎo dì shàng cǎo jiù lǜ le chūn yǔ lín zài liǔ shù shàng liǔ zhī yě lǜ le
小燕子说：“春雨是绿色的。你们瞧，春雨落到草地上，草就绿了；春雨淋在柳树上，柳枝也绿了。”

má què shuō bù duì chūn yǔ shì hóng sè de nǐ men qiáo chūn yǔ sǎ zài táo shù shàng táo huā hóng le chūn yǔ dī zài dù juān cóng zhōng dù juān huā yě hóng le
麻雀说：“不对，春雨是红色的。你们瞧，春雨洒在桃树上，桃花红了；春雨滴在杜鹃丛中，杜鹃花也红了。”

xiǎo huáng yīng shuō bù duì bù duì chūn yǔ shì huáng sè de nǐ men qiáo chūn yǔ luò zài yóu cài dì lǐ yóu cài huā huáng le chūn yǔ luò zài pú gōng yīng shàng pú gōng yīng huā yě huáng le
小黄莺说：“不对，不对，春雨是黄色的。你们瞧，春雨落在油菜地里，油菜花黄了；春雨落在蒲公英上，蒲公英花也黄了。”

chūn yǔ tīng le dà jiā de zhēng lùn xià de gèng huān le shā shā shā shā shā shā
春雨听了大家的争论，下得更欢了，沙沙沙，沙沙沙……

dú cí yǔ
读词语

yī qún
一群

wèn tí
问题

sǎ
洒

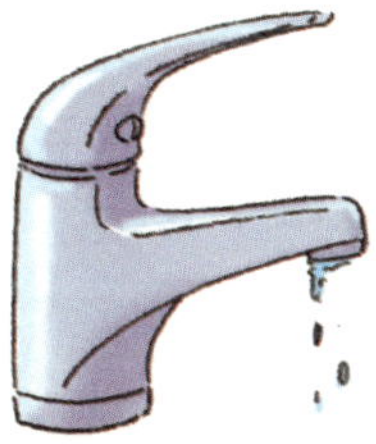

dī
滴

bù duì
不对

sī kǎo
思考

ní tǔ
泥土

hé miáo
禾苗

qīng qīng de
轻轻地

gèng jiā
更加

shuō yī shuō liàn yī liàn
说一说，练一练

nǐ men qiáo
你们瞧……

nǐ men qiáo chūn yǔ sǎ zài táo huā shàng táo huā hóng le
你们瞧，春雨洒在桃花上，桃花红了。

nǐ men qiáo chūn yǔ lín zài liǔ zhī shàng liǔ zhī lǜ le
你们瞧，春雨淋在柳枝上，柳枝绿了。

nǐ men qiáo chūn yǔ luò zài yóu cài huā dì lǐ yóu cài huā huáng le
你们瞧，春雨落在油菜花地里，油菜花黄了。

nǐ men qiáo chūn yǔ luò zài pú gōng yīng shàng pú gōng yīng huáng le
你们瞧，春雨落在蒲公英上，蒲公英黄了。

nǐ men qiáo chūn yǔ luò dào cǎo dì shàng cǎo dì lǜ le
你们瞧，春雨落到草地上，草地绿了。

rèn yī rèn
认一认

轻　群　题　洒　滴

xiě yī xiě
写一写

更　对　泥　禾

dú yī dú，shuō yī shuō
读一读，说一说

nǐ men qiáo xià yǔ le
你们瞧，下雨了。

nǐ men qiáo
你们瞧，________。

nǐ men qiáo
你们瞧，________。

nǐ men qiáo
你们瞧，________。

tiān qì yù bào
天气预报

dú yī dú
读一读

cóng zuó tiān kāi shǐ tiān qì yī zhí bù hǎo yòu guā fēng yòu xià yǔ
从昨天开始，天气一直不好，又刮风又下雨，

hái hěn lěng dà jiā dōu āi shēng tàn qì yīn wèi wǒ men dǎ suàn yī qǐ qù xué
还很冷，大家都唉声叹气。因为我们打算一起去学

xiào páng biān de gōng yuán zhí shù suǒ yǐ wǒ men xī wàng míng tiān tiān qì hǎo yī
校旁边的公园植树，所以我们希望明天天气好一

diǎnr lǎo shī shuō wǒ men lái tīng tīng tiān qì yù bào ba tiān qì
点儿。老师说：“我们来听听天气预报吧。”天气

yù bào gào su wǒ men míng tiān bái tiān fēng lì èr sān jí zuì gāo qì wēn
预报告诉我们：明天白天，风力二三级，最高气温

shè shì dù tóng xué men tīng hòu yī zhèn huān hū xiāng xìn tōng guò wǒ men de
18摄氏度。同学们听后一阵欢呼。相信通过我们的

láo dòng huán jìng yī dìng gèng jiā měi lì
劳动，环境一定更加美丽。

dú cí yǔ
读词语

tiān qì yù bào
天气预报

hěn lěng
很冷

guā fēng
刮风

zuó tiān
昨天

měi lì
美丽

zhí shù
植树

dōu
都

yīn wèi
因为

xiāng xìn
相信

xī wàng
希望

qì wēn
气温

shuō yī shuō liàn yī liàn
说一说，练一练

yī diǎnr
一点儿

wǒ men xī wàng míng tiān tiān qì hǎo yī diǎnr
我们希望明天天气好一点儿。

zhào gāng xī wàng zhōu wéi de shù duō yī diǎnr
赵刚希望周围的树多一点儿。

mā ma xī wàng tiān qì nuǎn huo yī diǎnr
妈妈希望天气暖和一点儿。

rèn yī rèn
认一认

报　希　望　因　温　相　阵

xiě yī xiě
写一写

昨　起　信　美　植　都　冷　校

dú yī dú, shuō yī shuō
读一读，说一说

lǐ míng bǐ zhào gāng gāo yī diǎnr
李明比赵刚高一点儿。

jīn tiān bǐ zuó tiān
今天比昨天＿＿＿＿＿＿＿＿。

nǐ zǒu màn　　　　　　　　　děng děng wǒ
你走慢＿＿＿＿＿＿＿＿，等等我。

shén qí de hàn zì
神奇的汉字

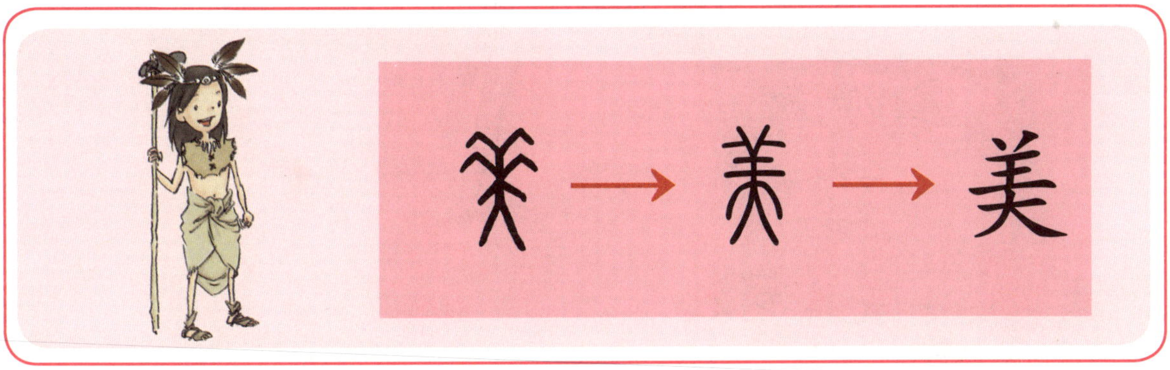

xīng xing
星星

dú yī dú
读一读

xiǎo méi tái tóu wàng zhe yè kōng xǔ duō xīng xing zài tiān kōng zhōng zhǎ zhe
小梅抬头望着夜空。许多星星在天空中眨着
yǎn jing bì shàng le yòu zhēng kāi
眼睛，闭上了又睁开。

rú guǒ yòng wàng yuǎn jìng guān chá zhè xiē xīng xing jiù huì kàn dào tā men
如果用望远镜观察这些星星，就会看到它们
xiàng gè zhǒng yán sè de bǎo shí piào liang lìng rén zháo mí
像各种颜色的宝石，漂亮，令人着迷。

xīng xing zěn me huì yǒu bù tóng de yán sè ne
星星怎么会有不同的颜色呢？

xīng xing de yán sè shì yóu tā běn shēn de wēn dù suǒ jué dìng de xīng
星星的颜色是由它本身的温度所决定的。星
xing biǎo miàn de wēn dù bù tóng tā fā chū guāng de yán sè jiù bù tóng bǐ
星表面的温度不同，它发出光的颜色就不同。比
rú fā bái sè guāng de xīng xing biǎo miàn wēn dù hěn gāo kě dá yī wàn shè shì
如发白色光的星星表面温度很高，可达一万摄氏
dù yǐ shàng fā lán sè guāng de xīng xing biǎo miàn wēn dù kě dá sān wàn shè shì
度以上；发蓝色光的星星表面温度可达三万摄氏
dù zuǒ yòu fā hóng sè guāng de xīng xing biǎo miàn wēn dù sān qiān shè shì dù zuǒ
度左右；发红色光的星星表面温度三千摄氏度左
yòu ér tài yáng biǎo miàn wēn dù shì liù qiān shè shì dù suǒ yǐ kàn shàng qù
右；而太阳表面温度是六千摄氏度，所以看上去
xiàng gè huáng sè de dà huǒ qiú
像个黄色的大火球。

dú cí yǔ
读词语

piào liang
漂亮

xǔ duō
许多

zhēng kāi
睁开

guān chá
观察

bì shàng
闭上

guāng
光

bǎo shí
宝石

dà huǒ qiú
大火球

xiǎo méi
小梅

rú guǒ
如果

lìng rén
令人

mí rén
迷人

dú yī dú　shuō yī shuō
读一读，说一说

xiǎo méi zhǐ zhe xīng xing
小梅指着星星。

tóng xué men　　　　hēi bǎn
同学们______黑板。

wǒ　　　　zì xíng chē
我______自行车。

bà ba　　　　xī guā
爸爸______西瓜。

rèn yī rèn
认一认

如　漂　表　以

许　闭　睁　着

xiě yī xiě
写一写

观　令　迷　光　宝　火　梅

kàn yī kàn, dú yī dú
看一看，读一读

xiǎo lì tái tóu wàng zhe yè kōng
小丽抬头望着夜空。

xīng xing zhǎ zhe yǎn jing
星星眨着眼睛。

xiǎo lì zhǐ zhe xīng xing
小丽指着星星。

shén qí de hàn zì
神奇的汉字

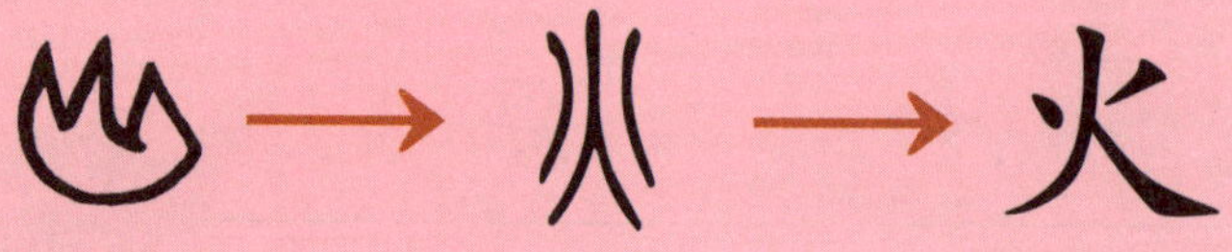

2 hàn yǔ yuán dì èr
汉语园地二

tīng yi tīng, biāo xù hào
听一听，标序号

jiǎng huà
讲话

zhāng zuǐ
张嘴

měi lì
美丽

xǔ duō
许多

zhí shù
植树

zhēng kāi
睁开

lián yī lián shuō cí yǔ
连一连，说词语

jiǎng huà
讲话

zhí shù
植树

měi lì
美丽

guān chá
观察

xǔ duō
许多

hé miáo
禾苗

hěn lěng
很冷

zhāng zuǐ
张嘴

bǎo shí
宝石

xiǎng yī xiǎng shuō jù zi
想一想，说句子

nǐ men qiáo nà kē shù duō gāo
你们瞧，那棵树多高！

nǐ men qiáo
你们瞧，________________！

nǐ men qiáo
你们瞧，________________！

shuō yī shuō tián yī tián

说一说，填一填

gèng 更	jiǎng 讲	ní 泥	hé 禾	zuó 昨	qǐ 起	xìn 信	
zhí 植	dōu 都	lěng 冷	xiào 校	guān 观	lìng 令	mí 迷	guāng 光

shàng xià jié gòu
上下结构

lì sī
例：思

dú tǐ zì
独体字

lì huǒ
例：火

bàn bāo wéi jié gòu
半包围结构

lì yuǎn
例：远

zuǒ yòu jié gòu
左右结构

lì duì
例：对

dú yī dú lián yī lián
读一读，连一连

xiǎo míng kàn zhe mǎ yǐ
小明看着蚂蚁。

miàn bāo hěn hǎo chī nǐ duō chī yī diǎnr
面包很好吃，你多吃一点儿。

jiào shì kāi zhe chuāng hu
教室开着窗户。

dì shàng yǒu shuǐ nǐ zǒu màn diǎnr
地上有水，你走慢点儿。

dú yī dú huà yī huà
读一读，画一画

wǒ men zhàn zài chuāng qián xiàng wài kàn jǐng sè zhēn měi nǐ men qiáo cǎo
我们站在窗前向外看，景色真美！你们瞧，草

dì shàng kāi mǎn le xiān huā jǐ kē dà shù zhǎng de shí fēn mào shèng jǐ gè xiǎo
地上开满了鲜花，几棵大树长得十分茂盛。几个小

péng yǒu zài cǎo dì shàng wánr tiān qì suī rán hěn rè tā men què hěn kāi xīn
朋友在草地上玩儿，天气虽然很热，他们却很开心。

kàn yī kàn，xiě yī xiě
看一看，写一写

xiǎo míng zài chuáng shàng shuì jiào
小明在床上睡觉。

________________。

________________。

________________。

rèn yī rèn，jì yī jì
认一认，记一记

yī lì mǐ
一粒米

yī shù huā
一束花

yī zhī duì wu
一支队伍

yī yuán dà jiàng
一员大将

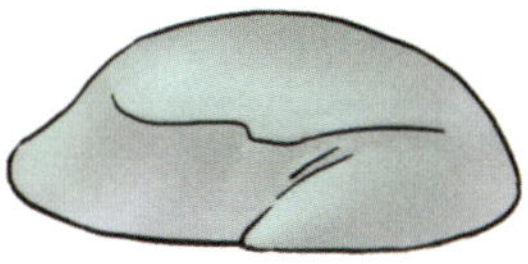

yī kuài shí tou
一块石头

yī yè shū
一页书

rèn yī rèn
认一认

粒　　束　　员　　支

xiě yī xiě
写一写

块　　页

dú yī dú
读一读

wéi rén zǐ　fāng shào shí　qīn shī yǒu　xí lǐ yí
为人子，方少时。亲师友，习礼仪。

sān zì jīng
——《三字经》

7

dì qī kè
第七课

bēi gōng shé yǐng
杯弓蛇影

dú yī dú
读一读

bēi gōng shé yǐng
杯弓蛇影

yǒu yī tiān, yuè guǎng qǐng tā de péng you lái jiā lǐ zuò kè. nà ge
有一天，乐广请他的朋友来家里做客。那个

péng you zài hē jiǔ de shí hou, kàn jiàn zì jǐ de jiǔ bēi lǐ yǒu yī tiáo xiǎo
朋友在喝酒的时候，看见自己的酒杯里有一条小

shé de yǐng zi zài huàng dòng, xià de tā gǎn kuài lí kāi le.
蛇的影子在晃动，吓得他赶快离开了。

děng dào tā huí dào jiā zhōng, yuè xiǎng yuè hài pà, cóng cǐ yī bìng bù qǐ.
等到他回到家中，越想越害怕，从此一病不起。

yuè guǎng tīng dào nà ge péng you shēng bìng de xiāo xi jué de fēi cháng qí guài
乐广听到那个朋友生病的消息，觉得非常奇怪，
tā shí zài xiǎng bù míng bai yú shì jiù zuò dào péng you nà tiān zuò guò de wèi zi
他实在想不明白，于是，就坐到朋友那天坐过的位子
shàng sì chù chá kàn yuán lái zài dà tīng de qiáng shàng guà zhe yī bǎ cǎi sè de
上四处察看。原来，在大厅的墙上，挂着一把彩色的
gōng nà bǎ gōng de yǐng zi qià qiǎo luò zài péng you fàng guò jiǔ bēi de dì fang
弓，那把弓的影子恰巧落在朋友放过酒杯的地方。

hòu lái yuè guǎng yòu bǎ péng you qǐng dào jiā lǐ ràng tā zuò dào zhuō zi
后来，乐广又把朋友请到家里，让他坐到桌子
páng rán hòu zhǐ le zhǐ qiáng shàng de gōng yòu zhǐ le zhǐ péng you de jiǔ bēi
旁，然后指了指墙上的弓，又指了指朋友的酒杯，
shuō nín kàn kàn péng you lì kè míng bai le zhēn xiàng xiào zhe shuō
说：“您看看！”朋友立刻明白了真相，笑着说：
xiàn zài wǒ de bìng yǐ jīng hǎo le
“现在我的病已经好了。”

dú cí yǔ
读词语

gōng
弓

shé
蛇

lí kāi
离开

zhuō zi
桌子

shēng bìng
生病

hài pà
害怕

xiàn zài
现在

wèi zi
位子

zuò kè
做客

kāi shǐ
开始

xiāo xi
消息

yǐ jīng
已经

shuō yī shuō liàn yī liàn
说一说，练一练

tā shēng bìng le
他生病了。

mā ma
妈妈 ________________________。

xiǎo míng
小明 ________________________。

kàn yī kàn shuō yī shuō
看一看，说一说

lín dá wǒ wán guò zhuàn yǐ le
琳达：我玩过转椅了。

jié kè wǒ wán guò le
杰克：我玩过________________了。

zhào gāng wǒ wán guò le
赵刚：我玩过________________了。

rèn yī rèn
认一认

处 等 广 弓 客 实 始

蛇 消 于 已 桌

xiě yī xiě
写一写

离 您 怕 现 位 指

shén qí de hàn zì
神奇的汉字

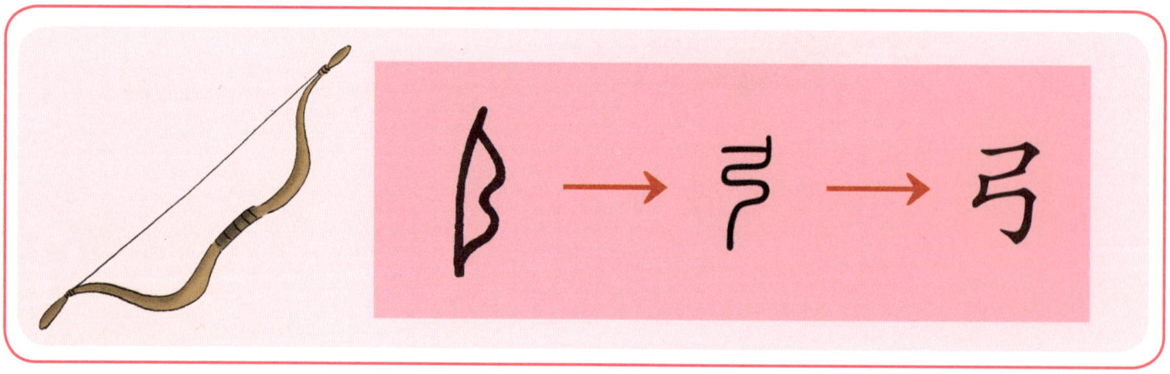

8

dì bā kè
第八课

sōng shǔ hé sōng jī
松鼠和松鸡

dú yī dú
读一读

sōng shǔ hé sōng jī
松鼠和松鸡

yǒu yī tiān sōng shǔ zhèng zài cǎi jí shí wù yī zhī pàng hū hū de sōng jī
有一天，松鼠正在采集食物，一只胖乎乎的松鸡
rěn bù zhù wèn dào péng you nǐ de bà ba mā ma bù shì gěi nǐ liú xià yī
忍不住问道：“朋友，你的爸爸妈妈不是给你留下一
duī hǎo chī de ma
堆好吃的吗？”

tā men liú xià de zǒng yǒu yī tiān huì
“他们留下的，总有一天会
chī wán de sōng shǔ shuō sōng jī gē gē de
吃完的。”松鼠说。松鸡咯咯地
xiào le xiào hua sōng shǔ xiǎng de tài duō
笑了，笑话松鼠想得太多。

bù jiǔ xià le jǐ cháng bào yǔ
不久，下了几场暴雨，
sēn lín lǐ de yě guǒ dōu bèi chōng zǒu le
森林里的野果都被冲走了。

zhè tiān wǎn shang sōng shǔ mào yǔ zhǎo dào yī diǎnr shí wù huí lái ér sōng
这天晚上，松鼠冒雨找到一点儿食物回来，而松
jī ne dù zi è de gū gū jiào què yī diǎnr chī de dōu méi yǒu sōng shǔ
鸡呢？肚子饿得咕咕叫，却一点儿吃的都没有。松鼠
kàn dào sōng jī qiǎ zài zì jǐ jiā dòng kǒu
看到松鸡卡在自己家洞口。

yuán lái sōng jī dù zi è le chèn sōng shǔ bù zài jiā biàn bǎ nǎo dai
原来，松鸡肚子饿了，趁松鼠不在家，便把脑袋
shēn jìn dòng lǐ tōu chī jié guǒ chī de tài duō tóu chōu bù chū lái le biàn huó
伸进洞里偷吃，结果吃得太多，头抽不出来了，便活
huó qiǎ sǐ zài xiǎo dòng kǒu le
活卡死在小洞口了。

dú cí yǔ
读词语

sōng shǔ
松鼠

sōng jī
松鸡

pàng hū hū
胖乎乎

sēn lín
森林

nǎo dai
脑袋

cǎi jí
采集

zhèng zài
正在

liú xià
留下

dù zi
肚子

jié guǒ
结果

shí wù
食物

yī duī
一堆

guī lái
归来

dú yī dú shuō yī shuō
读一读，说一说

sōng shǔ mào yǔ zhǎo dào yī diǎnr shí wù
松鼠冒雨找到一点儿食物。

wǒ chī le
我吃了____________________。

bēi zi lǐ yǒu
杯子里有____________________。

rèn yī rèn
认一认

松　鼠　集　食　道　脑

袋　森　堆　归　冲

xiě yī xiě
写一写

正　留　完　肚　结　找　胖

shén qí de hàn zì
神奇的汉字

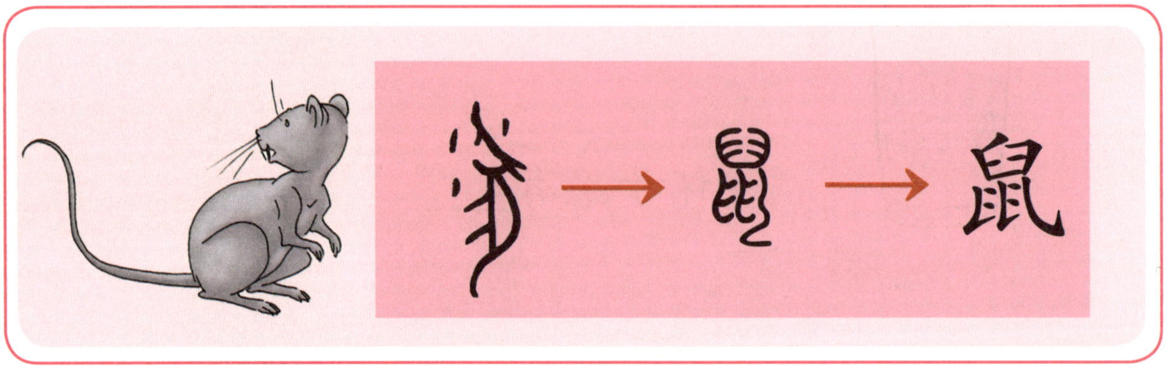

yǒu qù de tú xíng
有趣的图形

dì jiǔ kè
第九课

9

dú yī dú
读一读

píng guǒ yuán yuán cuì yòu tián
苹果圆圆脆又甜，

shāo mài yuán yuán ruǎn yòu xián
烧卖圆圆软又咸；

tuó luó yuán yuán dì xia zhuàn
陀螺圆圆地下转，

tài yáng yuán yuán nuǎn rén jiān
太阳圆圆暖人间。

dào gǔ jiān jiān tián lǐ zhǎng
稻谷尖尖田里长，

xiǎo chuán jiān jiān fú shuǐ miàn
小船尖尖浮水面；

yuè yá jiān jiān xiàng tiáo chuán
月牙尖尖像条船，

yàn wěi jiān jiān xiàng jiǎn dāo
燕尾尖尖像剪刀。

tǔ dì fāng fāng hǎo gài fáng
土地方方好盖房，

fáng wū fāng fāng yǒu shàn chuāng
房屋方方有扇窗；

máo jīn fāng fāng néng cā liǎn
毛巾方方能擦脸，

tī tián fāng fāng zhòng shí liáng
梯田方方种食粮。

chǐ zi cháng cháng bǎ shēn liáng
尺子长 长把身量，

zhēn xiàn cháng cháng féng yī shang
针线 长 长 缝衣裳；

yǔ sī cháng cháng tiān shàng jiàng
雨丝长 长天上 降，

hé liú cháng cháng rù hǎi yáng
河流长 长入海洋。

dú cí yǔ
读词语

dào gǔ
稻谷

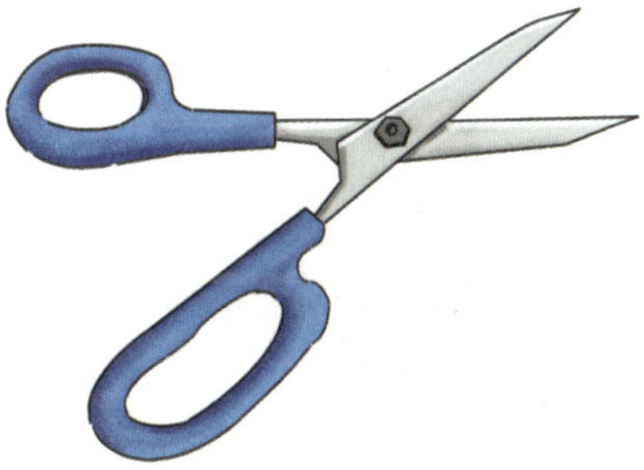

jiǎn dāo
剪刀

fáng wū
房屋

máo jīn
毛巾

tī tián
梯田

hé liú
河流

hǎi yáng
海洋

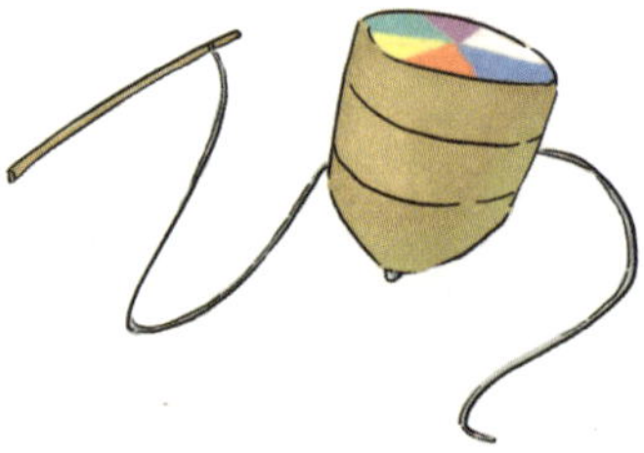

tuó luó
陀螺

xíng zhuàng
形状

shēn tǐ
身体

shàn zi
扇子

yòu ruǎn yòu tián
又软又甜

zhuàn dòng
转动

nuǎn nuǎn de
暖暖的

shuō yī shuō liàn yī liàn
说一说，练一练

yòu yòu
又……又……

zhè gè píng guǒ yòu dà yòu hóng
这个苹果又大又红。

bà ba yòu gāo yòu shuài
爸爸又高又帅。

nǐ de yī fu yòu gān jìng yòu piào liang
你的衣服又干净又漂亮。

kàn yī kàn shuō yī shuō
看一看，说一说

huáng guā yòu　　　yòu
黄瓜又________又________。

qié zi yòu　　　yòu
茄子又________又________。

xī hóng shì yòu　　　yòu
西红柿又________又________。

dōng guā yòu　　　yòu
冬瓜又________又________。

yòu　　　yòu
________又________又________。

rèn yī rèn
认一认

甜　转　暖　流　房　屋

谷　洋　梯　扇　剪

xiě yī xiě
写一写

形　又　巾　身　软

shén qí de hàn zì
神奇的汉字

3 汉语园地三

hàn yǔ yuán dì sān

听一听，标序号

tīng yī tīng biāo xù hào

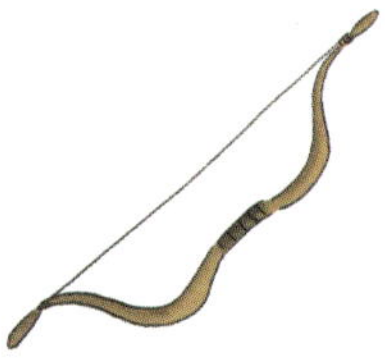

gōng
弓

shé
蛇

zhuō zi
桌子

sōng shǔ
松鼠

sōng jī
松鸡

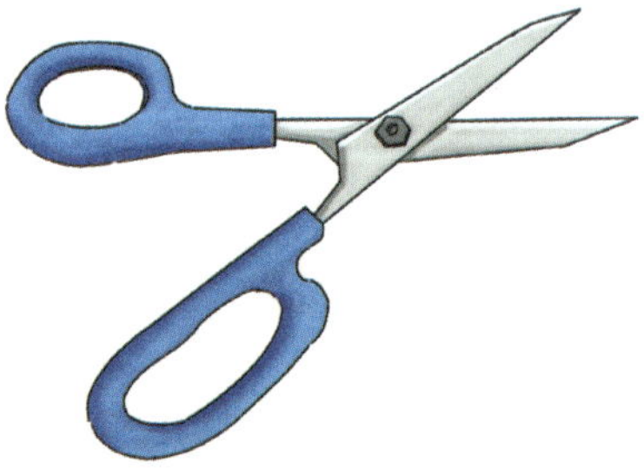

jiǎn dāo
剪刀

fáng wū
房屋

máo jīn
毛巾

lián yī lián shuō cí yǔ
连一连，说词语

dào gǔ
稻谷

hé liú
河流

zhuō zi
桌子

máo jīn
毛巾

gōng
弓

shé
蛇

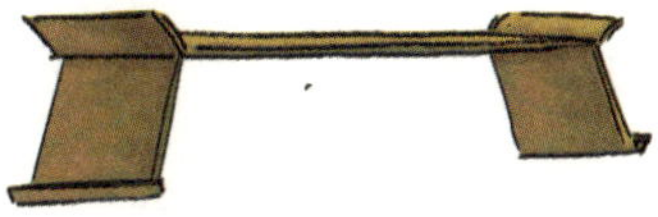

sōng shǔ
松鼠

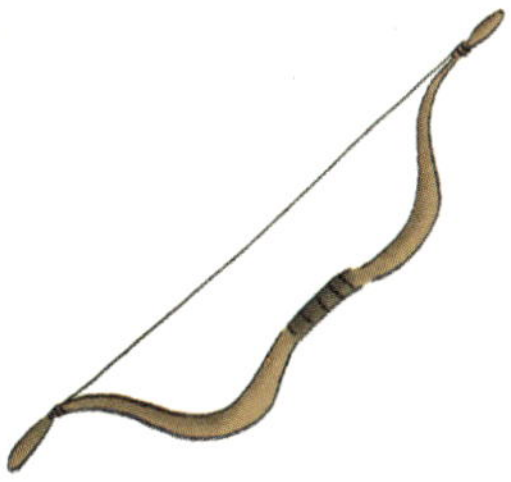

sōng jī
松鸡

dú yī dú　xiǎng yī xiǎng
读一读，想一想

tóng yàng yī jù huà　biāo diǎn bù tóng　suǒ biǎo shì de yì si yě bù yī yàng
同样一句话，标点不同，所表示的意思也不一样。

zhè kē shù shàng yǒu xiǎo niǎo
这棵树上有小鸟。

zhè kē shù shàng yǒu xiǎo niǎo
这棵树上有小鸟？

zhè zhī xiǎo niǎo hěn piào liang
这只小鸟很漂亮。

zhè zhī xiǎo niǎo hěn piào liang
这只小鸟很漂亮！

zhàoyàng zi　xiě jù zi
照样子，写句子

lì　bà ba zài kè tīng lǐ kàn diàn shì
例：爸爸在客厅里看电视。

wǎn shang　bà ba zài kè tīng lǐ kàn diàn shì
晚上，爸爸在客厅里看电视。

wǒ zài huā yuán lǐ kàn huā
我在花园里看花。

________________________________。

xiǎo hóng zài gōng yuán lǐ dǎ qiú
小红在公园里打球。

________________________________。

________________________________。

________________________________。

bài jiā xìng
百家姓

sūn lǐ wáng chén liú jiāng sòng xīn wú
孙 李 王 陈 刘 江 宋 辛 吴

bǎi jiā xìng zhè běn shū jiè
《百家姓》这本书介
shào le zhōng guó rén de xìng shì
绍了中国人的姓氏。

wǒ hái zhī dào
我还知道……

rèn yī rèn
认一认

孙 李 王 陈 刘
江 宋 辛 吴

dú yī dú
读一读

róng sì suì néng ràng lí tì yú zhǎng yí xiān zhī
融四岁，能让梨。弟于长，宜先知。

sān zì jīng
——《三字经》

jié rì
节日

dú yī dú
读一读

lǎo shī　tóng xué men yī dìng hěn xǐ huan guò jié ba　nǐ men zhī dào shì jiè shàng yǒu
老师：同学们一定很喜欢过节吧？你们知道世界上有

nǎ xiē jié rì ma
哪些节日吗？

zhāng fāng　zài zhōng guó　měi nián de yī yuè yī rì shì yuán dàn　rén men huì jǔ bàn
张芳：在中国，每年的一月一日是元旦。人们会举办

gè zhǒng gè yàng de wǎn huì qìng zhù
各种各样的晚会庆祝。

jié kè　zài xī fāng　měi nián de shí yuè sān shí yī rì shì wàn shèng jié　dào le wǎn
杰克：在西方，每年的十月三十一日是万圣节，到了晚

shang　hěn duō rén huì huà zhuāng chéng guǐ　tí zhe dēng long jìn qíng de wán
上，很多人会化装成鬼，提着灯笼尽情地玩。

lín dá　wǒ zhī dào měi nián de shí èr yuè èr shí wǔ rì shì shèng dàn jié　wǒ hái
琳达：我知道每年的十二月二十五日是圣诞节，我还

zhī dào gǎn ēn jié hé fù huó jié　tā men dōu shì zhòng yào de jié rì
知道感恩节和复活节。它们都是重要的节日。

lǐ míng　zhōng guó hái yǒu chūn jié hé duān wǔ jié　tā men dōu shì chuán tǒng jié rì
李明：中国还有春节和端午节，它们都是传统节日。

duān wǔ jié de shí hou　rén men huì chī zòng zi　hái huì sài lóng zhōu
端午节的时候，人们会吃粽子，还会赛龙舟。

lǎo shī　shì jiè shàng hái yǒu hěn duō jié rì　bǐ rú guó jì fù nǚ jié　guó jì
老师：世界上还有很多节日，比如国际妇女节、国际

ér tóng jié
儿童节……

dú cí yǔ
读词语

sài lóng zhōu
赛龙舟

duān wǔ jié
端午节

guó jì fù nǚ jié
国际妇女节

qìng zhù
庆祝

yuán dàn
元旦

yè wǎn
夜晚

chūn jié
春节

dú yī dú shuō yī shuō
读一读，说一说

yī yuè yī rì shì shén me jié rì
一月一日是什么节日？

yī yuè yī rì shì yuán dàn
一月一日是元旦。

shí èr yuè èr shí wǔ rì shì shén me jié
十二月二十五日是什么节？

shí èr yuè èr shí wǔ rì shì jié
十二月二十五日是＿＿＿＿＿节。

2022年3月 8日 星期二	2022年5月 1日 星期日	2022年6月 1日 星期三
fù nǚ jié 妇女节	láo dòng jié 劳动节	ér tóng jié 儿童节

＿＿＿＿＿＿＿＿＿＿＿＿＿＿＿＿。

＿＿＿＿＿＿＿＿＿＿＿＿＿＿＿＿。

kàn yī kàn shuō yī shuō
看一看，说一说

nǐ zhī dào zhè shì shén me jié rì ma
你知道这是什么节日吗？

zhè shì ér tóng jié
这是儿童节。

nǐ zhī dào
你知道＿＿＿＿＿＿＿＿＿＿＿＿＿＿？

zhè shì
这是＿＿＿＿＿＿＿＿＿＿＿＿＿＿。

nǐ zhī dào
你知道______________________?

zhè shì
这是______________________。

rèn yī rèn
认一认

旦　妇　端　化　传

舟　重　夜　庆

xiě yī xiě
写一写

元　情　午

shén qí de hàn zì
神奇的汉字

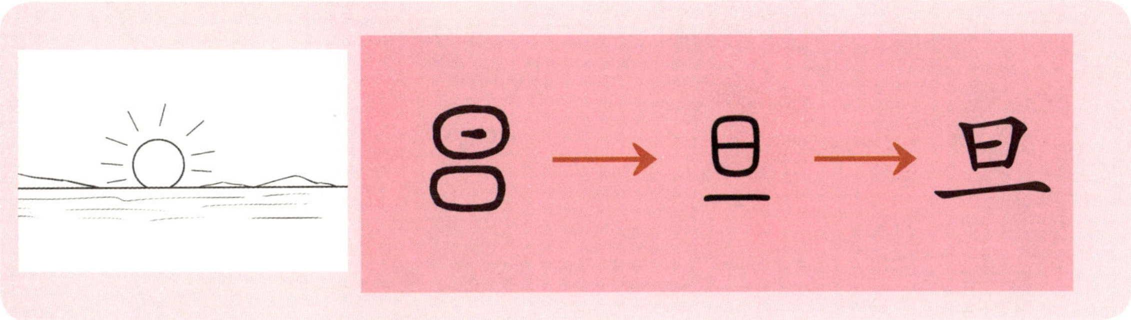

yǒu qù de jiàn miàn lǐ
有趣的见面礼

dú yī dú
读一读

é luó sī rén yǔ chū cì jiàn miàn de rén
俄罗斯人与初次见面的人

wò shǒu yǔ shú xi de rén rè qíng yōng bào
握手，与熟悉的人热情拥抱。

zài měi guó rú guǒ bù shì qīn péng
在美国，如果不是亲朋

hǎo yǒu rén men yī bān bù huì zhǔ dòng
好友，人们一般不会主动

yǔ duì fāng qīn wěn yōng bào zài zhèng shì
与对方亲吻、拥抱。在正式

chǎng hé rén men huì hù xiāng wò shǒu
场合，人们会互相握手；

fēi zhèng shì chǎng hé jiàn miàn shí wǎng wǎng
非正式场合见面时，往往

diǎn tóu wēi xiào
点头、微笑。

rì běn rén wǎng wǎng huì bǎ shuāng shǒu fàng
日本人往往会把双手放
zài shēn tǐ liǎng cè jū gōng biǎo shì yǒu hǎo
在身体两侧，鞠躬表示友好。

zài bō lán rén men jiàn miàn shí nǚ zǐ
在波兰，人们见面时，女子
huì xiān shēn chū shǒu lái shǒu bèi cháo shàng nán rén
会先伸出手来，手背朝上，男人
huì qiàn shēn tuō zhù fù nǚ de shǒu fàng zài zuǐ biān
会欠身托住妇女的手，放在嘴边
qīng qīng qīn wěn yī xià
轻轻亲吻一下。

dú cí yǔ
读词语

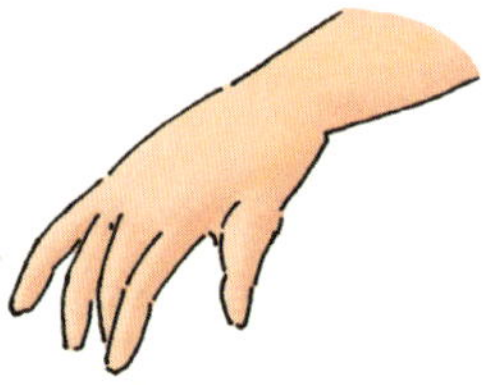

wò shǒu
握手

shǒu bèi
手背

qīn péng hǎo yǒu
亲朋好友

dú yī dú shuō yī shuō

读一读，说一说

gè guó jiàn miàn lǐ bù yī yàng, yǒu de xíng wò shǒu lǐ, yǒu de xíng yōng bào lǐ, yǒu de xíng jū gōng lǐ, hái yǒu de xíng wěn shǒu lǐ.

各国见面礼不一样，有的行握手礼，有的行拥抱礼，有的行鞠躬礼，还有的行吻手礼。

tóng xué men zài cāo chǎng shàng zuò yóu xì, yǒu de ______, yǒu de ______, yǒu de ______, hái yǒu de ______.

同学们在操场上做游戏，有的______，有的______，有的______，还有的______。

kàn yī kàn shuō yī shuō
看一看，说一说

nǐ zhī dào zhè shì shén me lǐ jié ma
你知道这是什么礼节吗？

zhè shì
这是________。

nǐ zhī dào zhè shì shén me lǐ jié ma
你知道这是什么礼节吗？

zhè shì
这是________。

rèn yī rèn
认一认

初　握　如　往　旁

伸　欠　表　示

xiě yī xiě
写一写

热　互　亲　主　背

12

dì shí èr kè
第十二课

nǐ rèn shi tā men ma
你认识他们吗？

dú yī dú
读一读

dá fēn qí xiǎo shí hou wèi le huà
达·芬奇小时候为了画
hǎo huà huā le zhěng zhěng sān nián shí jiān huà
好画，花了整整三年时间画
jī dàn zuì hòu de wǎn cān yǔ méng
鸡蛋。《最后的晚餐》与《蒙
nà lì shā dōu shì tā de zhù míng zuò pǐn
娜丽莎》都是他的著名作品。

qí bái shí cóng xiǎo jiù bù pà kùn nan
齐白石从小就不怕困难，
kè kǔ liàn xí huà xiā zuì hòu chéng wéi zhōng
刻苦练习画虾，最后成为中
guó fēi cháng yǒu míng de huà jiā
国非常有名的画家。

dá ěr wén cóng xiǎo jiù ài wèn
达尔文从小就爱问
wèn tí rèn zhēn sī kǎo zhǎng dà
问题，认真思考，长大
chéng le yī míng kē xué jiā
成了一名科学家。

shā shì bǐ yà xiǎo shí hou fēi cháng xǐ
莎士比亚小时候非常喜
huan xì jù jīng cháng hé xiǎo huǒ bàn men yī
欢戏剧，经常和小伙伴们一
qǐ biǎo yǎn luó mì ōu yǔ zhū lì yè
起表演。《罗密欧与朱丽叶》
hā mǔ léi tè dōu shì tā xiě de
《哈姆雷特》都是他写的。

wǔ wèi tài láng de huì huà shū shòu dào
五味太郎的绘画书受到
quán shì jiè xiǎo péng yǒu de xǐ ài tè bié
全世界小朋友的喜爱，特别
shì è yú pà pà yá yī pà pà
是《鳄鱼怕怕 牙医怕怕》，
tā shì yī běn lìng rén kāi xīn de tú huà shū
它是一本令人开心的图画书。

shū màn liù suì kāi shǐ jiē chù yīn yuè
舒曼六岁开始接触音乐，
qī suì jiù xiě chū le yī xiē gāng qín qǔ bìng
七岁就写出了一些钢琴曲，并
néng jí xìng yǎn zòu gāng qín qǔ hú dié
能即兴演奏。钢琴曲《蝴蝶》
jiù shì tā de zuò pǐn
就是他的作品。

dú cí yǔ
读词语

dá ěr wén
达尔文

dá fēn qí
达·芬奇

qí bái shí
齐白石

shā shì bǐ yà
莎士比亚

wǔ wèi tài láng
五味太郎

hú dié
蝴蝶

sī kǎo
思考

shuō yī shuō
说一说

lín dá　nǐ zhī dào zhè fú huà shì shéi de zuò pǐn ma
琳达：你知道这幅画是谁的作品吗？

jié kè　zhè shì qí bái shí de zuò pǐn
杰克：这是齐白石的作品。

zuì hòu de wǎn cān shì dá fēn qí de zuò pǐn méng nà lì shā
《最后的晚餐》是达·芬奇的作品，《蒙娜丽莎》

yě shì tā de zuò pǐn
也是他的作品。

qí bái shí shì huà jiā
齐白石是画家，

dá fēn qí yě shì huà jiā
达·芬奇也是画家。

wǒ shì xiǎo xué shēng yě shì
我是小学生，________也是________。

shì yě shì
________是________，________也是________。

rèn yī rèn
认一认

文　　味　　芬　　亚　　蝴

蝶　　曲　　识　　难

xiě yī xiě
写一写

奇　齐　与　认　丽　科　思

4 hàn yǔ yuán dì sì 汉语园地四

tīng yī tīng, biāo xù hào 听一听，标序号

( ) qiàn shēn 欠身

( ) yuán dàn 元旦

( ) yè wǎn 夜晚

( ) qīn péng hǎo yǒu 亲朋好友

( ) fù nǚ jié 妇女节

( ) duān wǔ jié 端午节

( ) qìng zhù 庆祝

( ) hú dié 蝴蝶

( ) wò shǒu 握手

( ) sī kǎo 思考

lián yī lián shuō cí yǔ
连一连，说词语

yuán dàn
元旦

yè wǎn
夜晚

fù nǚ jié
妇女节

wò shǒu
握手

kē xué jiā
科学家

duān wǔ jié
端午节

qìng zhù
庆祝

hú dié
蝴蝶

xiǎng yī xiǎng shuō jù zi
想一想，说句子

nǐ zhī dào jīn tiān shì jǐ yuè jǐ rì ma
你知道今天是几月几日吗？

wǒ zhī dào
我知道________。

zuò yóu xì de xiǎo péng yǒu
做游戏的小朋友

zhēn duō yǒu de
真多，有的________，

yǒu de
有的________，

hái yǒu de
还有的________。

shì
________是________，

yě shì
________也是________。

rèn yī rèn, shuō yī shuō
认一认，说一说

忄	jìng qiāo qiāo 静悄悄	
攵	sàn kāi 散开	shōu xià 收下
日	shài tài yáng 晒太阳	zhī xiǎo 知晓
亻	duì wu 队伍	nǐ men 你们
心	wàng jì 忘记	sī xiǎng 思想
卩	wēi xiǎn 危险	
月	nǎo dai 脑袋	

险　悄　散　晒　晓　伍　忘

xiě yī xiě jì yī jì
写一写，记一记

忄 + 青 →

北 + 月 →

禾 + 斗 →

执 + 灬 →

讠 + 人 →

大 + 可 →

xué xí chá zì diǎn
学习查字典

rèn zhēn tīng lǎo shī jiǎng zěn yàng yòng bù shǒu chá zì fǎ chá “qíng” zì
认真听老师讲怎样用部首查字法查“情”字。

dì yī bù xiān què dìng “qíng” de bù shǒu wéi “忄”，bìng què rèn wéi sān huà
第一步：先确定“情”的部首为“忄”，并确认为三画。

dì èr bù zài “bù shǒu mù lù” sān huà lǐ zhǎo dào “忄”，bìng chá kàn yè mǎ
第二步：在“部首目录”三画里找到“忄”，并查看页码。

dì sān bù shǔ yī shǔ chú bù shǒu wài de “qīng” gòng yǒu bā huà，zài “jiǎn zì biǎo” zhōng bā huà xià zhǎo dào zhè ge zì
第三步：数一数除部首外的“青”共有八画，在“检字表”中八画下找到这个字。

dì sì bù àn yè mǎ tí shì zài zhèng wén zhōng chá dào zhè ge zì
第四步：按页码提示在正文中查到这个字。

liàn xí chá zì diǎn
练习查字典

yòng bù shǒu chá zì fǎ chá xià miàn de zì，zài hé tóng bàn shuō shuō nǐ shì zěn yàng chá dào de
用部首查字法查下面的字，再和同伴说说你是怎样查到的。

热　认　科　庆　妇

dú yī dú
读一读

pī pú biān xiāo zhú jiǎn bǐ wú shū qiě zhī miǎn
披蒲编，削竹简。彼无书，且知勉。

sān zì jīng
——《三字经》

13

qí miào de hàn zì

奇妙的汉字

dì shí sān kè

第十三课

dú ér gē
读儿歌

qí miào de hàn zì
奇妙的汉字

gōng jiā lì zì zǔ chéng gōng
工加力字组成功，
nǔ lì xué xí yào yòng gōng
努力学习要用功。
dīng zì yǒu jīn tā shì dīng
丁字有金它是钉，
tóng tiě kě yǐ zuò chéng dīng
铜铁可以做成钉。

dīng zì yǒu mù jiù shì dīng
丁字有目就是盯，
dìng fèng bào zhǐ kàn de qīng
订份报纸看得清。
yá zì jiā cǎo zǔ chéng yá
牙字加草组成芽，
chūn tiān xiǎo cǎo fā lǜ yá
春天小草发绿芽。
huàn gè niǎo zì jiù shì yā
换个鸟字就是鸦，
quán shēn wū hēi shì wū yā
全身乌黑是乌鸦。

zhào zì jiā shǒu tā shì tiāo
兆字加手它是挑，
jiè gè zǒu zhī biàn chéng táo
借个走之变成逃。
jì biǎo yīn lái yòu biǎo yì
既表音来又表意，
dà huǒ dāng xīn duō zhù yì
大伙当心多注意。

dú cí yǔ
读词语

dīng zi
钉子

bào zhǐ
报纸

lǜ yá
绿芽

tiāo xuǎn
挑选

táo pǎo
逃跑

wū yā
乌鸦

shuō yi shuō, liàn yi liàn
说一说，练一练

目 + 丁 → 盯 — dīng zhe 盯着

钅 + 丁 → 钉 — dīng zi 钉子

讠 + 丁 → 订 — dìng bào zhǐ 订报纸

rèn yī rèn
认一认

功　钉　盯　订　注　当

妙　份　秒　乌　鸦

xiě yī xiě
写一写

丁　成　伙　逃　借　众　品

zhǎo yī zhǎo
找一找

zhào
兆

táo huā
桃花

táo zǒu
逃走

tiāo xuǎn
挑选

kàn tú cāi zì
看图猜字

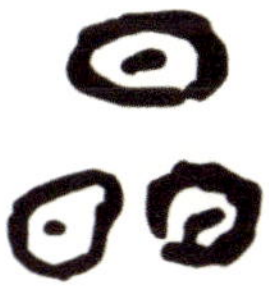

14

dì shí sì kè
第十四课

kàn rè nao
看热闹

dú ér gē
读儿歌

kàn rè nao
看热闹

xiǎo péng yǒu chuān huā ǎo
小朋友，穿花袄，

gēn zhe wēi fēng kàn rè nao
跟着微风看热闹。

kàn jiàn shì zi guà dēng long
看见柿子挂灯笼，

kàn jiàn hóng zǎo biàn zhū bǎo
看见红枣变珠宝。

kàn jiàn yù mǐ lù jīn yá
看见玉米露金牙，

kàn jiàn dào gǔ diǎn tóu xiào
看见稻谷点头笑。

xiǎo péng yǒu dài huā mào
小朋友，戴花帽，

gēn zhe wēi fēng dào chù qiáo
跟着微风到处瞧。

xǐ què lín zhōng zhā zhā jiào
喜鹊林中喳喳叫，

xiǎo lù hé biān màn màn pǎo
小鹿河边慢慢跑。

hóu zi shù shàng dàng qiū qiān
猴子树上荡秋千，

yú ér shuǐ zhōng chuī pào pao
鱼儿水中吹泡泡。

xiǎo fāng qí mǎ cǎo yuán pǎo
小芳骑马草原跑，

xǐ huan yùn dòng shēn tǐ hǎo
喜欢运动身体好。

xiǎo bīng cōng míng ài dú shū
小兵聪明爱读书，

zhuān xīn xué xí dǒng lǐ mào
专心学习懂礼貌。

āi yā yā kàn lèi le
哎呀呀，看累了，

tǎng zài cǎo dì shàng shuì yī jiào
躺在草地上睡一觉。

dú cí yǔ
读词语

shì zi
柿子

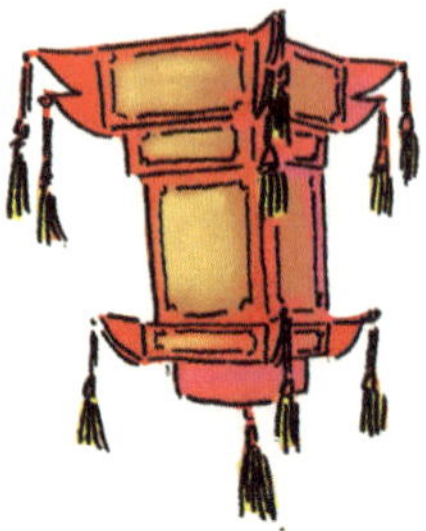

dēng long
灯笼

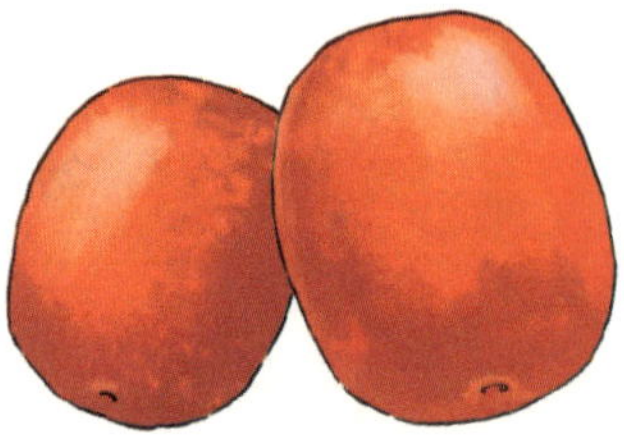

hóng zǎo
红枣

dào gǔ
稻谷

xǐ què
喜鹊

qí mǎ
骑马

shuì jiào
睡觉

mào zi
帽子

shuō yī shuō　liàn yī liàn

说一说，练一练

nǐ kàn jiàn le shén me

你看见了什么？

wǒ kàn jiàn xiǎo niǎo zài tiān shàng fēi

我看见小鸟在天上飞。

wǒ kàn jiàn xiǎo lù zài

我看见小鹿在＿＿＿＿＿＿。

nǐ kàn jiàn le shén me

你看见了什么？

wǒ kàn jiàn

我看见＿＿＿＿＿＿＿＿＿＿。

rèn yī rèn
认一认

闹	鹊	芳	兴	兵	读
貌	枣	觉	帽	聪	骑

xiě yī xiě
写一写

穿 林 慢 友 专 吹 市 运

shén qí de hàn zì
神奇的汉字

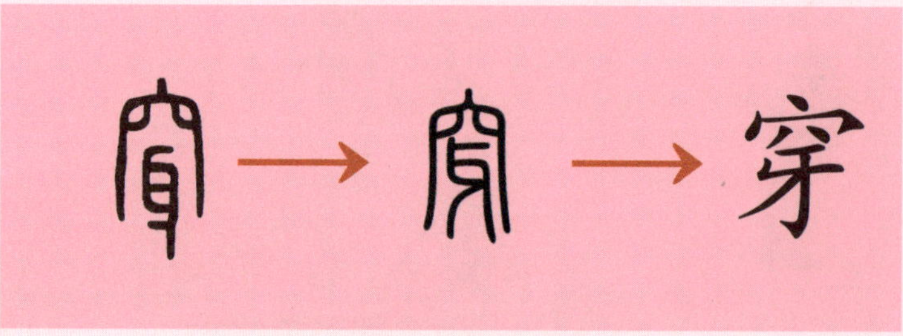

15

gǔ shī liǎng shǒu
古诗两首

dì shí wǔ kè
第十五课

dú yī dú

读一读

xiǎo chí

小池

yáng wàn lǐ

杨万里

quán yǎn wú shēng xī xì liú
泉眼无声惜细流，
shù yīn zhào shuǐ ài qíng róu
树阴照水爱晴柔。
xiǎo hé cái lù jiān jiān jiǎo
小荷才露尖尖角，
zǎo yǒu qīng tíng lì shàng tóu
早有蜻蜓立上头。

quán shuǐ qiāo qiāo de cóng quán yǎn liú chū lái hǎo xiàng quán yǎn hěn ài xī quán shuǐ bù shě de ràng tā liú zǒu shù de yǐng zi yìng zài shuǐ miàn shàng jiù xiàng xǐ huan zhè qíng tiān róu hé de fēng guāng lǜ lǜ de hé yè gāng gāng jiāng jiān jiān de yè jiǎo lù chū shuǐ miàn jiù yǐ jīng yǒu kě ài de qīng tíng zhàn lì zài shàng miàn le

泉水悄悄地从泉眼流出来，好像泉眼很爱惜泉水，不舍得让它流走，树的影子映在水面上，就像喜欢这晴天柔和的风光。绿绿的荷叶刚刚将尖尖的叶角露出水面，就已经有可爱的蜻蜓站立在上面了。

huà jī

画鸡

táng yín

唐寅

tóu shàng hóng guān bù yòng cái
头上红冠不用裁，
mǎn shēn xuě bái zǒu jiāng lái
满身雪白走将来。
píng shēng bù gǎn qīng yán yǔ
平生不敢轻言语，
yī jiào qiān mén wàn hù kāi
一叫千门万户开。

yī zhī shén qì de dà gōng jī màn màn de zǒu guò lái tā tóu shàng de guān zi xiàng xiān hóng de mào zi tiān shēng jiù yǒu bù yòng cái jiǎn mǎn shēn xuě bái de yǔ máo jiù xiàng shì jié bái de yī shang tā cóng bù qīng yì kāi kǒu shuō huà dàn zhǐ yào yī kāi kǒu qiān jiā wàn hù jiù huì bǎ mén dǎ kāi yīn wèi xīn de yī tiān kāi shǐ le

一只神气的大公鸡慢慢地走过来。它头上的冠子像鲜红的帽子天生就有，不用裁剪。满身雪白的羽毛就像是洁白的衣裳。它从不轻易开口说话，但只要一开口，千家万户就会把门打开，因为新的一天开始了。

dú cí yǔ
读词语

chí táng
池塘

quán shuǐ
泉水

qīng tíng
蜻蜓

qíng tiān
晴天

hé yè
荷叶

gōng jī
公鸡

xuě bái
雪白

lián yī lián　shuō yī shuō
连一连，说一说

quán yǎn wú shēng xī xì liú
泉眼无声惜细流，
shù yīn zhào shuǐ ài qíng róu
树阴照水爱晴柔。

xiǎo hé cái lù jiān jiān jiǎo
小荷才露尖尖角，
zǎn yǒu qīng tíng lì shàng tóu
早有蜻蜓立上头。

tóu shàng hóng guān bù yòng cái
头上红冠不用裁，
mǎn shēn xuě bái zǒu jiāng lái
满身雪白走将来。

píng shēng bù gǎn qīng yán yǔ
平生不敢轻言语，
yī jiào qiān mén wàn hù kāi
一叫千门万户开。

rèn yī rèn
认一认

诗　首　池　眼　惜　才　蜻　晴

xiě yī xiě
写一写

细 里 用 雪 平 言

xiǎng yī xiǎng xuǎn yī xuǎn
想一想，选一选

nǎ fú tú shuō de shì shī zhōng de jī
哪幅图说的是诗中的鸡？

A

B

shī zhōng de xiǎo chí shén me yàng
诗中的小池什么样？

A

B

5 hàn yǔ yuán dì wǔ 汉语园地五

tīng yī tīng biāo xù hào 听一听，标序号

xǐ què
喜鹊

wū yā
乌鸦

qīng tíng
蜻蜓

gōng jī
公鸡

dīng zi
钉子

bào zhǐ
报纸

mào zi
帽子

hé yè
荷叶

qí mǎ
骑马

táo pǎo
逃跑

tiāo xuǎn
挑选

shuì jiào
睡觉

dú yī dú　shuō cí yǔ
读一读，说词语

木　林　森　　　人　从　众

xiǎng yī xiǎng shuō jù zi
想一想，说句子

dú yī dú jì yī jì
读一读，记一记

𧾷	+	采	→	踩	cǎi yī xià 踩一下
扌	+	夫	→	扶	fú zhe 扶着
讠	+	方	→	访	fǎng wèn 访问
纟	+	分	→	纷	wǔ cǎi bīn fēn 五彩缤纷
禾	+	乃	→	秀	xiù qi 秀气
身	+	朵	→	躲	duǒ kāi 躲开
氵	+	干	→	汗	chū hàn 出汗
纟	+	方	→	纺	fǎng xiàn 纺线
口	+	及	→	吸	xī qì 吸气
革	+	圭	→	鞋	xié zi 鞋子

rèn yī rèn 认一认

踩　躲　扶　访　纺

纷　汗　吸　秀　鞋

kàn yī kàn xiě yī xiě 看一看，写一写

nǐ kàn jiàn tā men zài zuò shén me
你看见他们在做什么？

wǒ kàn jiàn
我看见________。

________。

dú yī dú 读一读

tóu xuán liáng zhuī cì gǔ bǐ bù jiào zì qín kǔ
头悬梁，锥刺股。彼不教，自勤苦。

sān zì jīng
——《三字经》

dà xiàng de cháng bí zi
大象的长鼻子

dú yī dú

读一读

wèi le ràng sēn lín biàn de gèng jiā mào mì

为了让森林变得更加茂密，

yī qún xiǎo dòng wù dōu zài nǔ lì de gōng zuò zhe

一群小动物都在努力地工作着。

zhuó mù niǎo měi tiān zài zhè kē shù shàng zhuó zhuó zài nà kē shù shàng qiāo qiāo

啄木鸟每天在这棵树上啄啄，在那棵树上敲敲，

tā jiān lì de cháng zuǐ shǐ hài

它尖利的长嘴，使害

chóng méi yǒu cáng shēn zhī dì

虫没有藏身之地。

xiǎo hóu cóng zhè kē shù tiào dào nà kē shù tā shǒu jiǎo bù tíng bǎ chán zài

小猴从这棵树跳到那棵树，它手脚不停，把缠在

shù gàn shàng de xì téng chě xià lái

树干上的细藤扯下来。

xiǎo sōng shǔ yī zhí máng zhe zhí shù
小松鼠一直忙着植树！

zhǐ yǒu dà xiàng xián zhe méi shì gàn
只有大象闲着没事干。

yī tiān zǎo shang dà xiàng kàn jiàn yī kē kū shù lì kè yòng bí zi bǎ tā
一天早上，大象看见一棵枯树，立刻用鼻子把它
bá qǐ lái rēng de yuǎn yuǎn de
拔起来，扔得远远的。

tài yáng yuè shēng yuè gāo xiǎo dòng wù men dōu lái le dà xiàng gāo xìng de gào
太阳越升越高，小动物们都来了。大象高兴地告
su dà jiā wǒ de bí zi yě néng gàn huór dà jiā kuā jiǎng dà xiàng yǒu
诉大家：“我的鼻子也能干活儿！”大家夸奖大象有
yī gè fēi cháng néng gàn de cháng bí zi
一个非常能干的长鼻子。

xiǎo péng yǒu men zài zhè xiē
小朋友们，在这些
lín yè gōng rén de bǎo hù xià
“林业工人”的保护下，
wèi lái de sēn lín huì zěn yàng ne
未来的森林会怎样呢？

dú cí yǔ
读词语

dà xiàng
大象

hóu zi
猴子

lín yè gōng rén
林业工人

shēng gāo
升高

mào mì
茂密

bá qǐ lái
拔起来

wèi lái
未来

gào su
告诉

yī zhí
一直

nǔ lì
努力

fēi cháng
非常

lì kè
立刻

shuō yī shuō liàn yī liàn
说一说，练一练

xiǎo hóu jiāo huā
小猴浇花。

xiǎo lù méi yǒu jiāo huā
小鹿没有浇花。

yuē hàn huà tài yáng
约翰画太阳。

zhēn ní méi yǒu huà tài yáng
珍妮没有画太阳。

rèn yī rèn
认一认

密	力	那	停	拔	告
诉	非	猴	闲	刻	护

xiě yī xiě
写一写

没 直 象 升 业 未

kàn yī kàn shuō yī shuō
看一看，说一说

lín dá zài dú shū jié kè méi yǒu dú shū
琳达在读书，杰克没有读书。

zài
__________在__________，

méi yǒu
__________没有__________。

____________________，

____________________。

shén qí de hàn zì
神奇的汉字

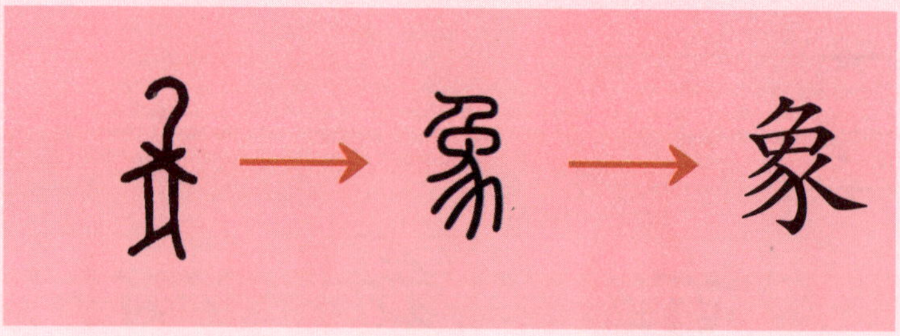

17

dì shí qī kè

第十七课

xiǎo huǒ bàn

小伙伴

dú yī dú
读一读

sēn lín lǐ yǒu yī zuò mù fáng zi nà shì xiǎo tù de jiā
森林里有一座木房子，那是小兔的家。

yī tiān dī dā dī dā xià yǔ le yǔ shuǐ bǎ xiǎo tù de yī fu
一天，“滴答，滴答”下雨了。雨水把小兔的衣服
hé mián bèi lín shī le xiǎo tù jué de bīng liáng bīng liáng de tā zhèng xiǎng xiàng dà jiā
和棉被淋湿了，小兔觉得冰凉冰凉的。他正想向大家
qiú zhù zhū dà gē lián máng gěi xiǎo tù sòng lái le gān yī fu lù xiǎo mèi sòng lái le
求助，猪大哥连忙给小兔送来了干衣服，鹿小妹送来了
hòu hòu de máo tǎn hóu xiōng di sòng lái le xiǎo huā sǎn xiǎo tù dǎ zhe sǎn zhēn lèi ya
厚厚的毛毯，猴兄弟送来了小花伞。小兔打着伞真累呀！
dà xiàng bó bo yòng bí zi juǎn qǐ yī piàn dà yè zi fàng zài le wū dǐng shàng
大象伯伯用鼻子卷起一片大叶子放在了屋顶上。

dà jiā lā qǐ shǒu tiào qǐ wǔ tā men zhēn gāo xìng ya
大家拉起手，跳起舞。他们真高兴呀！

dú cí yǔ
读词语

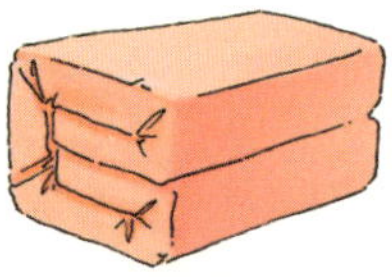

mián bèi
棉被

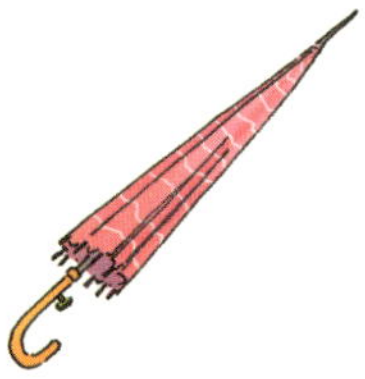

yǔ sǎn
雨伞

xiǎo zhū
小猪

máo tǎn
毛毯

wū dǐng
屋顶

xiōng di
兄弟

xiǎo lù
小鹿

dī dā
滴答

tā
他

lián máng
连忙

sòng lái
送来

yā
呀

yī zuò
一座

yī piàn
一片

qiú zhù
求助

bīng liáng
冰凉

shuō yī shuō liàn yī liàn
说一说，练一练

xiǎo tù dǎ sǎn zhēn lèi ya
小兔打伞真累呀！

dà hǎi zhēn měi ya
大海真美呀！

cháng chéng zhēn zhuàng guān ya
长城真壮观呀！

rèn yī rèn
认一认

棉　被　猪　连　送　鹿

毯　呀　助　答　他

xiě yī xiě
写一写

座 伞 片 顶 凉 兄 求

kàn yī kàn shuō yī shuō
看一看，说一说

chūn tiān de huā zhēn hóng ya
春天的花真红呀！

xià tiān de xī guā zhēn tián ya
夏天的西瓜真甜呀！

qiū tiān de luò yè zhēn měi ya
秋天的落叶真美呀！

dōng tiān de xuě zhēn bái ya
冬天的雪真白呀！

xiǎo huā māo zhào jìng zi
小花猫照镜子

18

dì shí bā kè
第十八课

dú yī dú
读一读

zhè tiān māo mā ma mǎi huí lái yī miàn dà jìng zi
这天，猫妈妈买回来一面大镜子。

xiǎo huā māo fā xiàn jìng zi lǐ yě yǒu yī zhī xiǎo māo
小花猫发现镜子里也有一只小猫。
jìng zi zhōng de xiǎo huā māo gàn shén me ne tā zhèng gǔ qǐ yuán
镜子中的小花猫干什么呢？她正鼓起圆
liū liū de yǎn jing dèng zhe tā yàng zi chǒu chǒu de
溜溜的眼睛瞪着她，样子丑丑的。

xiǎo huā māo shēng qì le měng pū guò qù shēn chū zhuǎ zi
小花猫生气了，猛扑过去，伸出爪子
yào zhuā jìng zi lǐ de xiǎo huā māo méi xiǎng dào nà zhī xiǎo huā
要抓镜子里的小花猫。没想到，那只小花
māo yě pū le guò lái
猫也扑了过来。

zhè xià xiǎo huā māo xià huài le
这下，小花猫吓坏了，

tā kū zhe pǎo qù zhǎo mā ma
她哭着跑去找妈妈。

mā ma qīng qīng de pāi zhe tā de tóu shuō
妈妈轻轻地拍着她的头说：

hái zi nǐ de hé qì diū shī le yào shì
“孩子，你的和气丢失了，要试

zhe yǒu hǎo de duì dài tā
着友好地对待她。”

xiǎo huā māo lái dào jìng zi qián xiàng jìng
小花猫来到镜子前，向镜

zi zhōng de xiǎo huā māo zhāo shǒu wēi xiào guǒ
子中的小花猫招手、微笑。果

rán duì fāng yě xiàng tā zhāo shǒu wēi xiào
然，对方也向她招手、微笑。

dú cí yǔ
读词语

kū
哭

hái zi
孩子

chǒu
丑

xià huài le
吓坏了

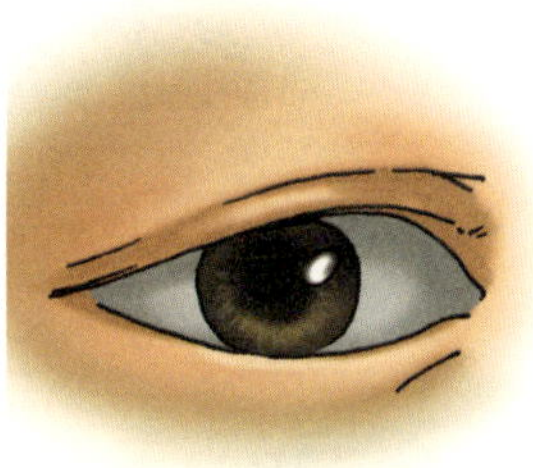

yǎn jing
眼睛

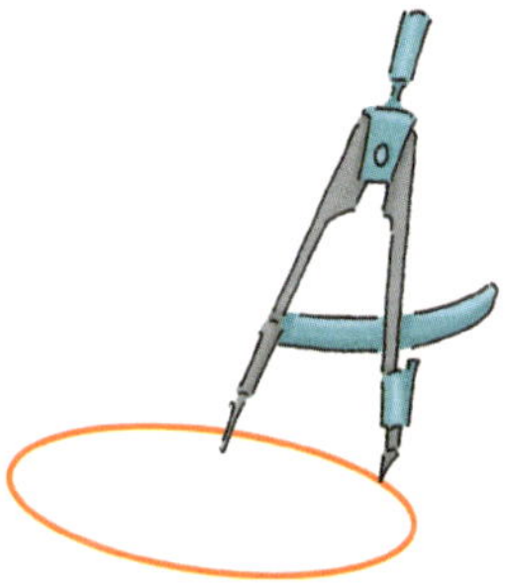

yuán
圆

tā
她

mǎi
买

shuō yī shuō liàn yī liàn
说一说，练一练

jìng zi zhōng de xiǎo huā māo gàn shén me ne
镜子中的小花猫干什么呢？

lín dá gàn shén me ne
琳达干什么呢？

wáng lì gàn shén me ne
王丽干什么呢？

rèn yī rèn
认一认

买　呢　圆　睛　扑

抓　吓　坏　她

xiě yī xiě
写一写

哭 拍 孩 丢 失 丑 猫

kàn yī kàn shuō yī shuō
看一看，说一说

wáng lì wán shén me ne
王丽玩什么呢？

wáng lì zài wán huá bǎn
王丽在玩滑板。

shén qí de hàn zì
神奇的汉字

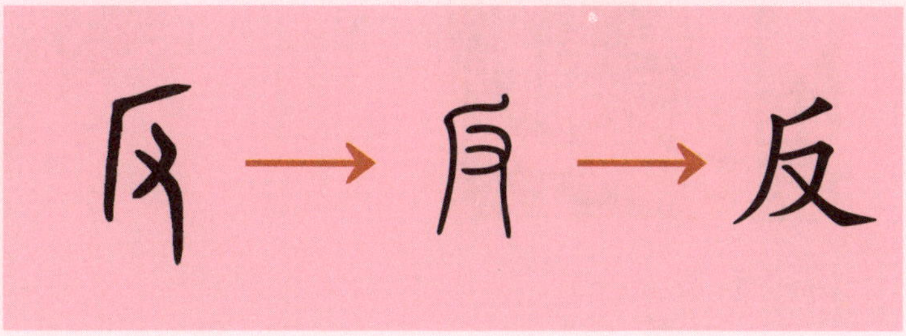

6 hàn yǔ yuán dì liù
汉语园地六

tīng yi tīng, biāo xù hào
听一听，标序号

bá qǐ lái
拔起来

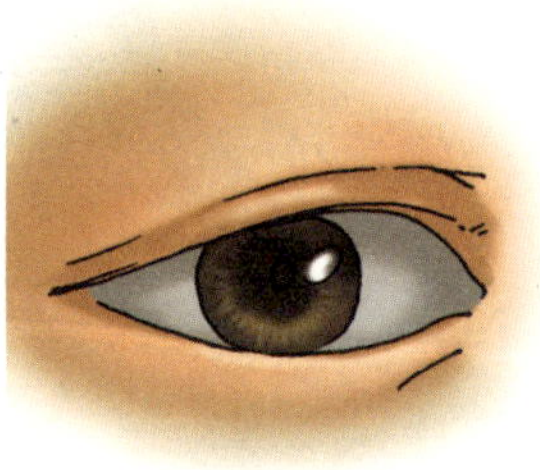

yǎn jing
眼睛

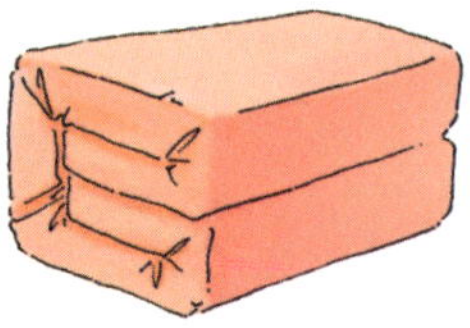

mián bèi
棉被

xiōng di
兄弟

shēng gāo
升高

xiǎo zhū
小猪

mào mì
茂密

máo tǎn
毛毯

lián yī lián shuō cí yǔ
连一连，说词语

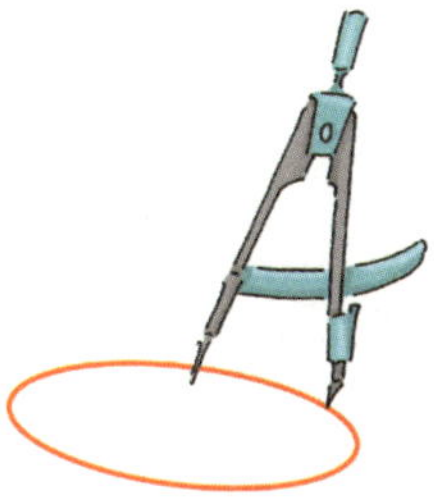

hái zi
孩子

yuán de
圆的

xiǎo zhū
小猪

dà xiàng
大象

hóu zi
猴子

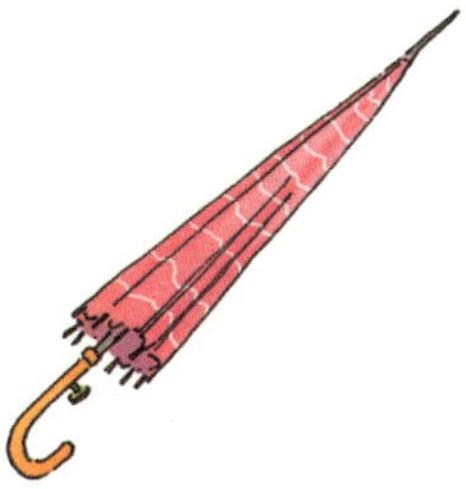

yǔ sǎn
雨伞

yǎn jing
眼睛

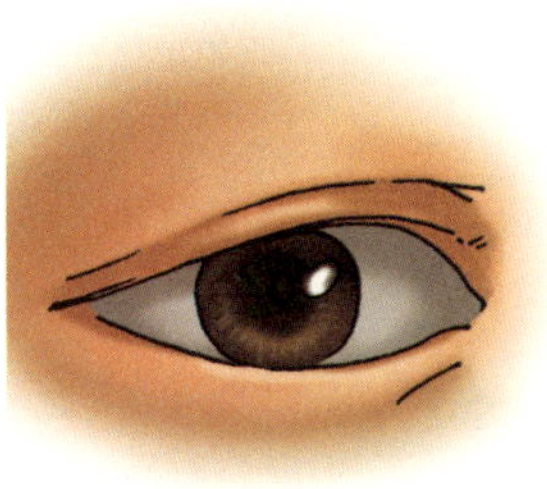

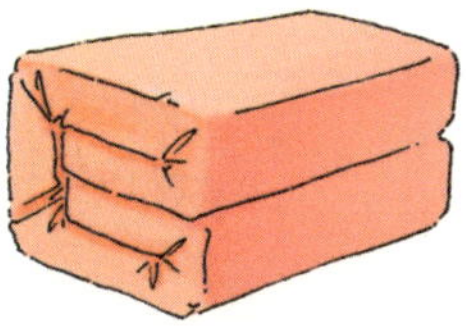

mián bèi
棉被

xiǎng yī xiǎng shuō jù zi
想一想，说句子

lǐ míng
李明________，
jié kè
杰克________。

________。

bà ba gàn shén me ne
爸爸干什么呢？
mā ma
妈妈________？
nǎi nai
奶奶________？
________？
________？

bà ba zài kàn bào zhǐ
爸爸在看报纸。
mā ma
妈妈________。
nǎi nai
奶奶________。
________。
________。

kàn yī kàn　xiě yī xiě
看一看，写一写

dú yī dú　rèn yī rèn
读一读，认一认

yà zhōu
亚洲

yǎng xiǎo yā
养小鸭

yè wǎn
夜晚

chéng chē
乘车

máng guǒ
芒果

yǒng yuǎn
永远

rèn yī rèn
认一认

亚　养　夜　乘　芒　永　卖

dú yī dú
读一读

cán tǔ sī　fēng niàng mì　rén bù xué　bù rú wù
蚕吐丝，蜂酿蜜。人不学，不如物。

sān zì jīng
——《三字经》

shēng zì biǎo yī
生字表一

wǒ huì xiě
我会写

	dì	mò	bēi	tái	wǎng	lóu	wán	yīn
1	第	末	杯	台	网	楼	完	音
	fù	bèi	yào	xiān	xiū	quán	jiǎng	huà
2	父	贝	药	先	休	全	讲	话
	chǎng	cūn	jù	lì	míng	gōng	zuò	
3	厂	村	句	历	名	工	作	

汉语园地一

mín	
民	

	gèng	duì	ní	hé				
4	更	对	泥	禾				
	zuó	qǐ	xìn	měi	zhí	dōu	lěng	xiào
5	昨	起	信	美	植	都	冷	校
	guān	lìng	mí	guāng	bǎo	huǒ	méi	
6	观	令	迷	光	宝	火	梅	

汉语园地二

kuài	yè
块	页

	lí	nín	pà	xiàn	wèi	zhǐ	
7	离	您	怕	现	位	指	
	zhèng	liú	wán	dù	jié	zhǎo	pàng
8	正	留	完	肚	结	找	胖
	xíng	yòu	jīn	shēn	ruǎn		
9	形	又	巾	身	软		

	yuán	qíng	wǔ					
10	元	情	午					
	rè	hù	qīn	zhǔ	bèi			
11	热	互	亲	主	背			
	qí	qí	yǔ	rèn	lì	kē	sī	
12	奇	齐	与	认	丽	科	思	
	dīng	chéng	huǒ	táo	jiè	zhòng	pǐn	
13	丁	成	伙	逃	借	众	品	
	chuān	lín	màn	yǒu	zhuān	chuī	shì	yùn
14	穿	林	慢	友	专	吹	市	运
	xì	lǐ	yòng	xuě	píng	yán		
15	细	里	用	雪	平	言		
	méi	zhí	xiàng	shēng	yè	wèi		
16	没	直	象	升	业	未		
	zuò	sǎn	piàn	dǐng	liáng	xiōng	qiú	
17	座	伞	片	顶	凉	兄	求	
	kū	pāi	hái	diū	shī	chǒu	māo	
18	哭	拍	孩	丢	失	丑	猫	

shēng zì biǎo èr
生字表二

wǒ huì rèn
我会认

	xiě	lǐ	yǔ	qí	jiàn	àn						
1	写	理	羽	棋	渐	暗						
	bìng	zán	yī	yào	liáng	hé	qǔ	ba	wèn	zhāng	zuǐ	
2	病	咱	医	药	量	盒	取	吧	问	张	嘴	
	zhī	qū	chǎn	xiàn	yǎn	qiè						
3	织	区	产	线	眼	切						
	kě	pō	wān	lí	yā	mí						
汉语园地一	渴	泼	湾	厘	压	谜						
	qīng	qún	tí	sǎ	dī							
4	轻	群	题	洒	滴							
	bào	xī	wàng	yīn	wēn	xiāng	zhèn					
5	报	希	望	因	温	相	阵					
	rú	piào	biǎo	yǐ	xǔ	bì	zhēng	zhe				
6	如	漂	表	以	许	闭	睁	着				
	lì	shù	yuán	zhī								
汉语园地二	粒	束	员	支								
	chù	děng	guǎng	gōng	kè	shí	shǐ	shé	xiāo	yú	yǐ	zhuō
7	处	等	广	弓	客	实	始	蛇	消	于	已	桌
	sōng	shǔ	jí	shí	dào	nǎo	dài	sēn	duī	guī	chōng	
8	松	鼠	集	食	道	脑	袋	森	堆	归	冲	
	tián	zhuàn	nuǎn	liú	fáng	wū	gǔ	yáng	tī	shàn	jiǎn	
9	甜	转	暖	流	房	屋	谷	洋	梯	扇	剪	
	sūn	lǐ	wáng	chén	liú	jiāng	sòng	xīn	wú			
汉语园地三	孙	李	王	陈	刘	江	宋	辛	吴			

	dàn	fù	duān	huà	chuán	zhōu	zhòng	yè	qìng			
10	旦	妇	端	化	传	舟	重	夜	庆			
	chū	wò	rú	wǎng	páng	shēn	qiàn	biǎo	shì			
11	初	握	如	往	旁	伸	欠	表	示			
	wén	wèi	fēn	yà	hú	dié	qǔ	shí	nán			
12	文	味	芬	亚	蝴	蝶	曲	识	难			

	xiǎn	qiāo	sàn	shài	xiǎo	wǔ	wàng
汉语园地四	险	悄	散	晒	晓	伍	忘

	gōng	dīng	dīng	dìng	zhù	dāng	miào	fèn	miǎo	wū	yā	
13	功	钉	盯	订	注	当	妙	份	秒	乌	鸦	
	nào	què	fāng	xìng	bīng	dú	mào	zǎo	jiào	mào	cōng	qí
14	闹	鹊	芳	兴	兵	读	貌	枣	觉	帽	聪	骑
	shī	shǒu	chí	yǎn	xī	cái	qīng	qíng				
15	诗	首	池	眼	惜	才	蜻	晴				

	cǎi	duǒ	fú	fǎng	fǎng	fēn	hàn	xī
汉语园地五	踩	躲	扶	访	纺	纷	汗	吸
	xiù	xié						
	秀	鞋						

	mì	lì	nà	tíng	bá	gào	sù	fēi	hóu	xián	kè	hù
16	密	力	那	停	拔	告	诉	非	猴	闲	刻	护
	mián	bèi	zhū	lián	sòng	lù	tǎn	ya	zhù	dā	tā	
17	棉	被	猪	连	送	鹿	毯	呀	助	答	他	
	mǎi	ne	yuán	jīng	pū	zhuā	xià	huài	tā			
18	买	呢	圆	睛	扑	抓	吓	坏	她			

	yà	yǎng	yè	chéng	máng	yǒng	mài
汉语园地六	亚	养	夜	乘	芒	永	卖

cí yǔ biǎo
词语表

1
qǐ chuáng　bēi zi　hē yǐn liào　xiě zì tái
起床　杯子　喝饮料　写字台

shàng wǎng　dǎ yǔ máo qiú　xià qí
上网　打羽毛球　下棋

2
kàn bìng　fù zǐ liǎ　bēi shū bāo　tīng zhěn qì
看病　父子俩　背书包　听诊器

liáng tǐ wēn　xiū xi　qǔ yào　dǎ zhēn　chī yào　yī hé yào
量体温　休息　取药　打针　吃药　一盒药

3
niú nǎi jiā gōng chǎng　nóng cūn　gōng rén　shēng chǎn xiàn　gōng zuò　cān guān　jiāo qū
牛奶加工厂　农村　工人　生产线　工作　参观　郊区

4
yī qún　wèn tí　sǎ　dī　bù duì　sī kǎo　ní tǔ　hé miáo
一群　问题　洒　滴　不对　思考　泥土　禾苗

qīng qīng de　gèng jiā
轻轻地　更加

5
tiān qì yù bào　hěn lěng　guā fēng　zuó tiān　měi lì　zhí shù　dōu
天气预报　很冷　刮风　昨天　美丽　植树　都

yīn wèi　xiāng xìn　xī wàng　qì wēn
因为　相信　希望　气温

6
piào liang　xǔ duō　zhēng kāi　guān chá　bì shàng　guāng　bǎo shí
漂亮　许多　睁开　观察　闭上　光　宝石

dà huǒ qiú　xiǎo méi　rú guǒ　lìng rén　mí rén
大火球　小梅　如果　令人　迷人

7
gōng　shé　lí kāi　zhuō zi　shēng bìng　hài pà　xiàn zài　wèi zi
弓　蛇　离开　桌子　生病　害怕　现在　位子

zuò kè　kāi shǐ　xiāo xi　yǐ jīng
做客　开始　消息　已经

8
sōng shǔ　sōng jī　pàng hū hū　sēn lín　nǎo dai　cǎi jí　zhèng zài
松鼠　松鸡　胖乎乎　森林　脑袋　采集　正在

liú xià　dù zi　jié guǒ　shí wù　yī duī　guī lái
留下　肚子　结果　食物　一堆　归来

9
dào gǔ　jiǎn dāo　fáng wū　máo jīn　tī tián　hé liú　hǎi yáng　tuó luó
稻谷　剪刀　房屋　毛巾　梯田　河流　海洋　陀螺
xíng zhuàng　shēn tǐ　shàn zi　yòu ruǎn yòu tián　zhuàn dòng　nuǎn nuǎn de
形状　身体　扇子　又软又甜　转动　暖暖的

10
sài lóng zhōu　duān wǔ jié　guó jì fù nǚ jié　qìng zhù　yuán dàn　yè wǎn
赛龙舟　端午节　国际妇女节　庆祝　元旦　夜晚
chūn jié
春节

11
wò shǒu　shǒu bèi　qīn péng hǎo yǒu
握手　手背　亲朋好友

12
dá ěr wén　dá · fēn qí　qí bái shí　shā shì bǐ yà　wǔ wèi tài láng
达尔文　达·芬奇　齐白石　莎士比亚　五味太郎
hú dié　sī kǎo
蝴蝶　思考

13
dīng zi　bào zhǐ　lǜ yá　tiāo xuǎn　táo pǎo　wū yā
钉子　报纸　绿芽　挑选　逃跑　乌鸦

14
shì zi　dēng long　hóng zǎo　dào gǔ　xǐ què　qí mǎ　shuì jiào　mào zi
柿子　灯笼　红枣　稻谷　喜鹊　骑马　睡觉　帽子

15
chí táng　quán shuǐ　qīng tíng　qíng tiān　hé yè　gōng jī　xuě bái
池塘　泉水　蜻蜓　晴天　荷叶　公鸡　雪白

16
dà xiàng　hóu zi　lín yè gōng rén　shēng gāo　mào mì　bá qǐ lái　wèi lái
大象　猴子　林业工人　升高　茂密　拔起来　未来
gào su　yī zhí　nǔ lì　fēi cháng　lì kè
告诉　一直　努力　非常　立刻

17
mián bèi　yǔ sǎn　xiǎo zhū　máo tǎn　wū dǐng　xiōng di　xiǎo lù　dī dā
棉被　雨伞　小猪　毛毯　屋顶　兄弟　小鹿　滴答
tā　lián máng　sòng lái　yā　yī zuò　yī piàn　qiú zhù　bīng liáng
他　连忙　送来　呀　一座　一片　求助　冰凉

18
kū　hái zi　chǒu　xià huài le　yǎn jing　yuán　tā　mǎi
哭　孩子　丑　吓坏了　眼睛　圆　她　买

图书在版编目(CIP)数据

芳草汉语.第4册/《芳草汉语》编委会编.—北京:商务印书馆,2022
ISBN 978-7-100-20857-4

Ⅰ.①芳… Ⅱ.①芳… Ⅲ.①汉语—对外汉语教学—教材 Ⅳ.①H195.4

中国版本图书馆CIP数据核字(2022)第039815号

芳草汉语·第4册
《芳草汉语》编委会 编

商务印书馆出版
(北京王府井大街36号 邮政编码100710)
商务印书馆发行
北京中科印刷有限公司印刷
ISBN 978-7-100-20857-4

2022年4月第1版 开本880×1230 1/16
2022年4月北京第1次印刷 印张9½
定价:78.00元